AF453965

ÉTUDES EXPÉRIMENTALES

SUR LA VOIX

ET

SUR LES CAUSES DE LA PRODUCTION

DU SON

DANS DIVERS INSTRUMENS DE MUSIQUE

PAR MM.

A. MASSON et LONGET

EXTRAIT DU TRAITÉ DE PHYSIOLOGIE DE M. LONGET.

PARIS.

VICTOR MASSON, LIBRAIRE-ÉDITEUR,

PLACE DE L'ÉCOLE-DE-MÉDECINE, 17.

1852

DE LA VOIX (1).

DU SON ET DES PRINCIPAUX INSTRUMENTS APTES A SA PRODUCTION.

Notions préliminaires.

La *voix* est un son que l'homme et certains animaux font entendre en chassant l'air de leurs poumons à travers la *glotte*.

La voix ne saurait donc exister chez les animaux dépourvus d'organes pulmonaires ; elle manque effectivement aux poissons, aux mollusques, etc. Si quelques insectes, font retentir les airs de sons souvent aussi aigus que peu harmonieux, c'est, comme on le verra, à l'aide d'un mécanisme particulier, et bien différent de celui qui produit la voix chez l'homme, les mammifères, les oiseaux et quelques reptiles.

---

(1) Ce chapitre sur la *voix* m'est commun avec le professeur A. Massour.

Sur la voix de l'homme et des animaux, consultez : FABRICE D'AQUAPENDENTE, *De laryngis actione*, pars II, p. 281 ; dans *Opera omnia anat. et physiol.* Leyde, 1738. — DODART, *Mém. sur les causes de la voix de l'homme et de ses différents tons* ; dans *Mém. de l'Acad. des sc. de Paris*, ann. 1700, p. 244 ; 1706, p. 136 ; 1707, p. 66. — FERREIN, *De la formation de la voix de l'homme* ; dans *Mém. de l'Acad. des sc. de Paris*, ann. 1741, p. 409. — HÉRISSANT, *Recherches sur les organes de la voix des quadrupèdes et celle des oiseaux* ; dans *Mém. de l'Acad. des sc. de Paris*, ann. 1753, p. 260. — VOGEL (Rud.-Aug.), *De larynge et vocis formatione*. Erf., 1747. — ROGER (J.-L.), *Tentamen de vi soni et musices in corpus hum.* Avignon, 1758 ; *Traité des effets de la musique sur le corps humain* ; trad. du latin par Et. Sainte-Marie. Lyon, 1803. — HALLER (Alb.), *Elem. physiol. corp. hum.* t. III, p. 434. — VICQ-D'AZYR, *Sur la voix* ; dans *Mém. de l'Acad. des sc. de Paris*, 1779. — CUVIER (G.), *Leçons d'anat. comp.*, 1805, t. IV. — DUTROCHET (H.), *Essai sur une nouvelle théorie de la voix ; Dissert. inaug.* Paris, 1806. — LISKOVIUS (Karl.-Fried.), *Dissert. physiol. sistens theoriam vocis.* Leipsick, 1814 ; et en allemand : *Physiologie der menschlichen Stimme.* Leipsick, 1846. — BIOT (J.-B.), *Précis élément. de physiq. expérim.* ; 3e édit. ; t. I, chap. x, p. 457. Paris, 1824. — FRICK (J.-C.), *De theoria vocis.* Berlin, 1819. *Dissert. inaug.* — DESPINEY, *Recherches sur la voix.* Paris, 1821. — SAVART (Félix), *Mém. sur la voix humaine* ; dans *Ann. de chim. et de phys.* 1825, t. XXX, p. 64. *Mém. sur la voix des oiseaux*, ibid., t. XXXII, p. 5 et 113 : dans *Journ. de physiol. expérim.*, t. V, p. 390, et dans le journal l'*Institut.* — CHLADNI (E.-F.), *Einige Bemerkungen über die menschliche Stimme, Cœcilia*, 1826, Hft 14, S. 157. — MAYER (A.-F.), dans *Meckel's Arch. für Anat. und Physiol.* 1826, n° 2. — BENNATI (F.), *Du mécanisme de la voix humaine pendant le chant*, lu à l'Académie des sciences de Paris, séance du 31 janvier 1830 ; et dans *Ann. des sc. nat.*, 1831, t. XXIII. — MALGAIGNE (J.-F.), *Nouvelle théorie de la voix hum.* : dans *Arch. génér. de méd.*, 1831, t. XXV. — GERDY (P.-N.), *Note sur la voix* ; dans *Bull. des sc. méd. de Férussac*, 1830, t. VII, p. 318 ; art. VOIX du *Dict. de méd. de l'Encyclop. méth.*, et son *Traité de physiol. méd.*, t. I, part. II, p. 728. — COLOMBAT (de l'Isère), *Traité méd. chir. des maladies des organes de la voix, ou Recherc. théor. et prat. sur la physiol., la pathol., la thérap. et l'hyg. de l'appareil vocal.* Paris, 1834. — BISHOP (John), dans *London med. gaz.* july 1834, et dans *London and Edinburgh philos. Magaz. and journ. of sc.*, mai 1835. —

Le larynx humain est, sans contredit, l'instrument le plus parfait que l'on connaisse pour produire des sons. Dans cet organe, rien d'inutile ou de superflu ; chaque élément a son usage déterminé, et le maximum d'effet est obtenu avec le moins de dépense possible.

Notre but principal est de rechercher le rôle de chacune des parties qui constituent l'organe vocal de l'homme et d'un certain nombre d'animaux, en nous appuyant à la fois sur les faits incontestables que la science possède et sur nos propres expériences. Mais, avant de commencer une étude aussi pleine d'intérêt, il nous faut passer en revue les phénomènes primordiaux, les lois générales de l'acoustique, et faire connaître les principaux instruments employés à produire les sons. Cette connaissance devra nous servir, plus tard, à établir une théorie rationnelle de la voix.

Ces mêmes notions devant s'appliquer, en partie, à l'étude de l'*audition*, nous croyons devoir leur donner dès à présent un certain développement.

L'*acoustique* se résume dans les principes suivants :

1° Toute sensation auditive résulte originairement d'actions périodiques et isochrones exercées sur le milieu dans lequel l'organe de l'ouïe est plongé.

2° La sensation perçue est toujours en rapport avec le nombre des vibrations du corps sonore.

3° Quand un corps résonne, c'est-à-dire quand il est le siége de vibrations moléculaires, les oscillations se propagent à toute matière pondérable ambiante.

L'organe de l'ouïe ne fait pas exception à cette règle ; il vibre sous l'influence du corps sonore avec lequel il est en contact médiat ou immédiat.

Ces divers principes, les expériences sur lesquelles ils reposent, seront successivement développés par la suite.

Les physiciens et les physiologistes ont distingué deux espèces de sons : les *sons musicaux* et les *bruits*.

Les *sons musicaux* résultent d'un mouvement moléculaire périodique et isochrone ayant une certaine durée.

Il suffit, pour qu'un corps résonne, que ses molécules, d'abord écartées de leurs positions d'équilibre, soient ensuite abandonnées à elles-mêmes. Sollicitées alors par les molécules voisines, elles oscillent autour de ces positions d'équilibre, et leur mouvement est identique à celui d'un pendule soumis à l'action de la pesanteur.

On nomme *oscillation* le mouvement que la molécule exécute de chaque côté

LEDFELDT (Karl.). *Nonnulla de vocis formatione ; Dissert. inaug. physiol.* Berlin, 1835. — WIEDEMANN (Aug.-Karl.), *De voce humana atque de ignota hujusque cantus modulatione quædam ; Dissert. inaug.* Dorpat, 1836. — CAGNIARD-LATOUR , dans le journal l'*Institut*, n°ˢ 161, 162, 192, ann. 1836 : 196, 212, 222, 223, ann. 1837 ; 225, 229, 238, 244, ann. 1838, etc. — MULLER (Jean), *Traité de physiol.*; trad. de Jourdan, t. II. — DIDAY et PÉTREQUIN, *Mém. sur une nouvelle espèce de voix chantée;* dans *Gaz. méd. de Paris*, 1840, p. 305. *Sur le mécanisme de la voix de fausset, ibid.*, 1844, p. 115 et 133. — SEGOND, *Hygiène du chanteur*, Paris, 1845. — Divers mémoires sur la voix, insérés dans *Arch. génér. de méd.*, 4ᵉ sér. 1848, t. XVII, p. 200 ; 4ᵉ sér. 1849, t. XX, p. 195, 811, etc. — LONGET (A.), *Recherches expérimentales sur les fonctions des nerfs et des muscles du larynx, et sur l'influence du nerf accessoire de Willis dans la phonation;* dans *Gaz. méd. de Paris*, juillet 1841. — GARCIA (Manuel), *Mém. sur la voix humaine; Rapport de Dutrochet sur ce mémoire;* dans *Comptes rendus hebd. des séances de l'Acad. des sc. de Paris*, 1841, t. XII, p. 638.

de sa position d'équilibre, et *amplitude de l'oscillation*, l'espace qu'elle parcourt dans ce mouvement.

Tout mouvement moléculaire produit, dans les corps, des *mouvements de totalité* qui ont une grande importance et qui doivent être particulièrement signalés. Un corps, dont les molécules ont été dérangées de leurs positions d'équilibre, se déforme, et ce corps entier ou plusieurs de ses divisions exécutent des mouvements oscillatoires synchrones aux mouvements moléculaires. Ainsi sont imprimées, au milieu dans lequel se trouve l'organe de l'ouïe, les oscillations qui procurent la sensation du son. L'intensité de cette sensation dépend de la grandeur des parties vibrantes du corps sonore et de l'amplitude de leurs oscillations.

Réciproquement, quand, par une cause quelconque, on modifie la forme d'un corps, le retour à la forme primitive nécessite un mouvement oscillatoire de totalité qui détermine, dans ce corps, des mouvements moléculaires synchrones. On peut citer comme exemples : une cloche frappée par un marteau ou mise en vibration au moyen d'un archet ; une verge solide, frappée à l'une de ses extrémités par un marteau ou frottée avec du drap enduit de colophane ; les cordes vibrantes.

Les causes qui rendent sonores les corps solides déterminent les mêmes phénomènes de sonorité dans les liquides et les gaz. Les procédés, à l'aide desquels on peut produire des sons dans les fluides, seront examinés plus loin avec détails.

Les *bruits* ne diffèrent des sons musicaux que par la durée. Ainsi, une explosion de gaz, un choc, la rupture d'un corps solide donnent lieu à des sons qu'on nomme généralement des bruits, et qui sont pourtant aussi complétement caractérisés que les sons soutenus ou musicaux. Cette distinction des bruits et des sons musicaux résulte de l'oubli d'un fait physiologique susceptible de plusieurs applications et digne d'être rappelé ici. Une sensation instantanée et très intense suspend une sensation de même nature : ainsi, un coup de pistolet anéantit momentanément la sensation d'un son continu ; un éclair très vif fait disparaître toute autre lumière moins éclatante.

Nous devons, dans la comparaison de deux sensations produites par une même cause et conséquemment de même nature, avoir égard à un élément important, *la durée de la sensation*, et nous ne pouvons porter un jugement qu'en soumettant à l'expérience des actions ayant sensiblement la même durée pendant l'observation.

On ne saurait donc établir aucune comparaison entre un bruit et un son soutenu ; mais, au contraire, si l'on produit deux bruits simultanés, on pourra établir leur rapport aussi exactement que pour deux sons musicaux. Il sera facile de reconnaître l'exactitude des observations précédentes, en déterminant d'abord les rapports des sons musicaux produits par des corps solides (verges, verres, cloches) et, frappant ensuite ceux-ci pour en obtenir des bruits qui seront dans le même rapport que les sons précédents.

Il n'y a pas lieu de distinguer, quant à leur nature, les bruits des sons musicaux.

Les actions périodiques des corps sonores ne suffisent pas pour exciter en nous la sensation du son ; il faut encore que leurs oscillations soient communiquées à l'organe de l'ouïe par l'intermédiaire d'un corps solide, liquide ou gazeux.

Un timbre, placé dans un récipient où l'on a fait le vide, ne fait entendre aucun son, quand on le frappe par un mécanisme convenable, attendu que le fluide éthéré, qui remplit l'espace privé de matière pondérable, ne propage pas les vibrations sonores. Mais si l'on touche ce timbre avec un corps solide, par exemple une baguette qui traverse la cloche, immédiatement le son est produit ; la sensation sonore est de nouveau perçue aussitôt qu'on fait rentrer l'air ou tout autre gaz dans le récipient.

Vitesse de propagation du son.

La vitesse de propagation du son est mesurée par l'espace que celui-ci parcourt dans une seconde.

1° *Vitesse du son dans les gaz.* — Indépendante de la force élastique du gaz, elle varie seulement avec sa densité, sa température et le rapport de ses chaleurs spécifiques à volume constant et à pression constante. Nous adopterons, comme moyenne d'un grand nombre d'expériences, 333 mètres pour la vitesse du son dans l'air à 0°.

Une commission de l'Académie des sciences a fait, en 1738, des expériences entre Montmartre et Montlhéry : elle a trouvé 332^m,9 à 0°. En 1822, les membres du bureau des longitudes ont obtenu 331^m,12 à 0°, au moyen d'expériences faites entre Villejuif et Montlhéry (1).

Bravais et Martins (2), ayant exécuté plusieurs expériences suivant une ligne inclinée sur l'horizon, entre le lac de Brienz et le village de Tracht, en Suisse , ont obtenu 333^m,11 à 0°.

La vitesse du son, dans l'air et dans les gaz, est représentée par la formule suivante, due à Laplace :

$$v = \sqrt{\frac{gh}{D} \cdot \frac{c}{c'}}.$$

Dans l'air on a :

$$v = \sqrt{9^m8088.10466,82(1+0,003661)0^m,76.1,419}.$$

v, vitesse du son ; h, pression du gaz ; D, densité du gaz ; g, intensité de la pesanteur ; c et c', chaleur spécifique à pression constante et à volume constant ; T, température du gaz.

Biot (3) a constaté que tous les sons se propagent dans l'air avec la même vitesse.

La vitesse du son varie avec l'état hygrométrique de l'air. Il faudrait, pour corriger les valeurs trouvées plus haut, connaître la vitesse de propagation du son dans un mélange de gaz et de vapeurs. Cette détermination , qui nous manque, serait utile pour la théorie de la voix, l'air étant toujours, dans les organes vocaux, plus ou moins saturé d'humidité et mélangé à de l'acide carbonique et à un excès d'azote.

2° *Vitesse du son dans les liquides.* — Beudant a trouvé, approximativement, 1500^m pour la vitesse du son dans l'eau de mer. Sturm et Colladon adoptent 1435^m

(1) *Ann. de physique et de chimie*, 1re série, t. XX, p. 220.
(2) *Même rec.*, 2e série, t. XIII, p. 5.
(3) *Précis de physique*, t. I, 2e édit., p. 36.

pour cette vitesse dans l'eau du lac de Genève. La vitesse du son dans les liquides est assez exactement représentée par la formule :

$$v = \sqrt{\frac{g}{a}}.$$

v, vitesse du son dans un liquide ; g, intensité de la pesanteur ; a, coefficient d'élasticité du liquide.

3° *Vitesse du son dans les solides.* — Les solides transmettent les sons beaucoup plus rapidement que les liquides. Biot a trouvé que la vitesse du son dans la fonte est dix fois plus grande que dans l'air. Nous donnerons plus loin les moyens indirects qu'on a employés pour déterminer cette vitesse dans les liquides et les solides. La formule précédente $v = \sqrt{\frac{g}{a}}$ représente, d'une manière assez exacte, la vitesse du son dans les solides. a représente le coefficient d'élasticité du corps solide.

Qualités des sons.

On distingue : 1° la gravité et l'acuité, ou la *hauteur* des sons ; 2° l'intensité ; 3° le timbre.

1° La *hauteur du son* dépend du nombre de vibrations communiquées à l'organe de l'ouïe par le corps sonore. On peut facilement s'en assurer au moyen de la *sirène*, instrument inventé par Cagniard-Latour, ou à l'aide d'une roue dentée qui, dans son mouvement, frotte contre une carte. Ce dernier procédé, proposé par Savart, est très simple et prouve bien que la hauteur du son dépend du nombre des vibrations : il suffit, en effet, de tourner la roue plus vite pour entendre le son monter du grave à l'aigu.

2° L'*intensité du son* doit être attribuée à l'amplitude des oscillations des parties vibrantes du corps sonore, c'est-à-dire à l'énergie de l'action exercée sur l'organe de l'ouïe. L'intensité du son décroît comme le carré de la distance du corps sonore à l'organe auditif.

3° Le *timbre* d'un son résulte très probablement de la forme de l'onde sonore et de sa constitution intime, sujet sur lequel nous aurons occasion de revenir. Si l'on prend une sirène, dont les plateaux sont percés de trous de diverses formes, on modifie à volonté le timbre du son. Dans les instruments à vent, le timbre serait produit par une modification imprimée à l'onde principale par les vibrations synchrones des différentes subdivisions des pièces solides.

Rapports des sons.

L'organe de l'ouïe ne peut estimer la valeur absolue d'un son , c'est-à-dire le nombre absolu de vibrations qu'exécute un corps sonore, mais il apprécie facilement le rapport des nombres de vibrations de deux sons simultanés, rapport que les musiciens nomment un intervalle musical. Quand ce rapport est égal à 2, l'oreille distingue difficilement les deux sons, surtout s'ils sont très graves ou très aigus. Les sons possèdent donc deux valeurs, une valeur absolue et une valeur relative : cette dernière est la seule appréciable par nos organes. Si, partant d'un son correspondant, par exemple, à 500 vibrations par seconde, on monte progressivement jusqu'à un autre son produit par 1,000 vibrations, on éprouvera les mêmes sensations qu'en parcourant l'intervalle entre 1,000 et 2,000 vibrations par seconde, pourvu que, dans cette seconde période, les sons successifs restent avec ceux de la première série dans le même rapport de 1 à 2.

Lorsque deux sons résultent exactement du même nombre de vibrations, ils sont à l'*unisson*. Quand le rapport de leurs vibrations est 2, ils sont à l'*octave*, parce que les musiciens ont divisé en huit parties, ou tons, l'intervalle de ces deux sons pour former la gamme. Les expériences les plus précises assignent aux sons d'une gamme les rapports suivants, relativement à leurs nombres de vibrations :

1	9/8	5/4	4/3	3/2	5/3	15/8	2
ut,	*ré*,	*mi*,	*fa*,	*sol*,	*la*,	*si*,	*ut*.

Son fondamental.   Tierce.   Quinte.   Octave.

Les intervalles peuvent être facilement définis par les rapports des vibrations. Ainsi, on dit souvent le son 1 et le son 2, pour désigner des octaves, le son $\frac{3}{2}$ pour désigner la quinte, etc.

Quelles que soient les valeurs absolues de leurs vibrations, les sons formeront une gamme et procureront les mêmes sensations, si les rapports précédents sont conservés.

Les musiciens ont encore introduit, entre les sons de la gamme, des demi-intervalles ou demi-tons.

Valeur absolue des sons; limite des sons perceptibles.

Il résulte des expériences de Savart (1) et de celles de Despretz (2) que la limite des sons perceptibles ne dépend que de l'intensité de la vibration nécessaire pour faire osciller l'organe de l'ouïe, et que, pour les sons graves, deux vibrations paraissent suffisantes pour caractériser le son. Pour les sons aigus, Despretz a pu percevoir des sons produits par des diapasons et correspondant à 73,000 vibrations par seconde.

Les physiciens adoptent comme unité et désignent par ut_1 le premier *ut* de la basse et du piano à six octaves et demi. Le diapason normal qu'ils emploient est celui qui correspond à l'*ut* de la quatrième corde du violon, ou ut_5, et qui fait 512 vibrations par seconde. Ce nombre fixe a été adopté en même temps que la vitesse du son, 1,024 pieds anciens par seconde à 0°, qui sert à tous les constructeurs d'orgues qui ont conservé les anciennes mesures.

Ce nombre, 1,024 pieds, diffère peu de 333 mètres, et offre un grand nombre de diviseurs, qui rendent son usage plus facile dans la pratique. Le son de 512 vibrations par seconde a pour longueur d'onde 2 pieds.

Si l'on multiplie 512 par les intervalles de la gamme, on aura la valeur absolue des sons d'une gamme dont la note fondamentale serait l'*ut* de la quatrième corde du violon.

Pour les gammes suivantes, il suffira de multiplier les valeurs obtenues précédemment par 2^1, 2^2, 2^3, etc., c'est-à-dire par les différentes puissances de 2.

(1) *Ann. de physique et de chimie*, 1re série, t. XLIV, p. 327.
(2) *Comptes-rendus* des séances de l'Ac. des sc. de Paris, t. XX.

Le *la* absolu adopté par les physiciens est donc le *la₃*, correspondant à $512 \times \frac{5}{3} = 853,33$.

On comprend maintenant toute l'importance de la valeur du diapason dans les différents théâtres, et l'utilité d'un diapason uniforme pour tous les instruments.

Les divers diapasons peuvent, selon leur valeur absolue, forcer le chanteur à produire un même chant avec des nombres de vibrations absolues très différents.

Voici quelques valeurs approchées des diapasons des différents théâtres :

		Nombre de vibrations.
Diapason normal		853,33
Théâtres de Berlin		874,64
de Saint-Pétersbourg		872,00
de Paris — Opéra		862,68
de Paris — Opéra-Comique		855,22
de Paris — Italien		848,34

Formation, propagation et constitution des ondes sonores.

Si l'on suppose qu'après avoir comprimé en tous ses points une sphère élastique, on l'abandonne ensuite à elle-même, elle éprouvera des dilatations et des contractions alternatives qui dureront tout le temps que les molécules emploieront pour reprendre leurs positions d'équilibre. Chaque dilatation comprimera une couche d'air d'une certaine étendue; cette couche comprimée représentera un ébranlement. Chaque contraction de la sphère produira une dilatation dans l'air environnant; ce sera un nouvel ébranlement. Le premier sera *condensé*, le second *dilaté*.

L'ensemble des deux ébranlements constitue une *onde sonore*.

Ces condensations et dilatations de l'air se communiqueront de proche en proche à des couches de même épaisseur, et tous les corps situés dans ces couches recevront l'impulsion sonore. Ce mouvement de propagation de l'ébranlement sonore est analogue à celui de l'ébranlement qu'on provoque en laissant tomber un corps sur une nappe d'eau : on voit, dans ce cas, des circonférences de cercle concentriques se développer à la surface de la nappe, et ces circonférences représentent l'ébranlement primitif qui impulsionne successivement toutes les parties du liquide.

La membrane du tympan, soumise à l'action périodique de ces ébranlements condensés et dilatés, éprouvera un mouvement oscillatoire qui aura la même durée et la même période que celui du corps sonore, et nous procurera la sensation du son. Ainsi, l'organe de l'ouïe exécute toujours, dans l'unité de temps, un nombre de vibrations égal à celui des molécules du corps sonore. Il n'est pas nécessaire, pour qu'il y ait un son produit et perçu, que les ébranlements se succèdent dans l'ordre que nous avons indiqué, et qu'une onde soit formée d'un ébranlement condensé et d'un ébranlement dilaté ; il suffit que l'air ou le fluide, dans lequel l'organe de l'ouïe est plongé, soit soumis à une action périodiquement variable. Ainsi, la sirène donne lieu à des ondes condensées, séparées par des couches dont les molécules sont au repos. On pourrait imaginer beaucoup d'autres espèces ou périodes d'ébranlement : ce sont les variétés de ces périodes qui, en modifiant la constitution intime et la forme des ondes sonores, semblent déterminer le timbre des différents sons.

Tout mouvement vibratoire est analogue à celui d'un pendule ; les molécules vibrantes, écartées de leurs positions d'équilibre, y reviennent avec une vitesse d'abord *croissante*, mais qui décroît ensuite pour devenir nulle et changer de signe. Il résulte de cette espèce de mouvement que les différentes couches d'air, qui constituent un ébranlement, possèdent des pressions différentes, de telle sorte que, dans un ébranlement condensé, la densité de l'air augmente d'une extrémité vers le milieu pour diminuer ensuite jusqu'à l'autre extrémité : c'est l'inverse dans l'ébranlement dilaté. Nous ajouterons que, dans ces deux ébranlements, condensé et dilaté, les vitesses oscillatoires des molécules d'air sont de signes contraires.

Si L est la longueur d'une onde sonore, V la vitesse du son dans une certain milieu, T la durée de la vibration des molécules du corps sonore, et N le nombre de vibrations qu'elles exécutent dans l'unité de temps, on aura $V = \dfrac{L}{T} = LN$.

Il est visible, en effet, que le son a parcouru dans ce milieu, et d'un mouvement uniforme, l'espace L pendant le temps T de l'oscillation du corps sonore. Nous adopterons le nom d'*onde sonore* pour désigner un seul ébranlement, et nous aurons soin d'indiquer les circonstances dans lesquelles le même nom sera appliqué à l'onde entière correspondant à la double oscillation du corps sonore.

Pour compléter les notions générales qui précèdent, il nous resterait à parler de la communication des mouvements vibratoires ; mais nous croyons devoir renvoyer, pour plus de clarté, ce que nous avons à dire sur ce sujet, après l'exposé des lois des vibrations.

Lois des vibrations.

Vibrations des colonnes d'air.

Nous considérerons d'abord un tuyau très étroit relativement à sa longueur, et fermé à l'une de ses extrémités.

Lorsqu'à l'extrémité ouverte d'un pareil tuyau on fait vibrer un corps sonore quelconque, un timbre ou un diapason, etc., on constate que, pour entrer en vibration et renforcer le son, ce tuyau doit pouvoir être partagé en un nombre impair de demi-longueurs de l'onde aérienne correspondant au son obtenu.

Le tuyau est-il ouvert à ses deux extrémités, il entrera en vibration et renforcera le son produit à l'une d'elles, quand sa longueur pourra être divisée en un nombre pair de parties égales à une demi-longueur d'ondulation aérienne correspondant au son excité.

Ces lois, connues sous le nom de lois de D. Bernouilli (1), entraînent les conséquences suivantes :

Le son le plus grave ou son fondamental, qu'un tuyau fermé puisse rendre, a pour longueur d'onde deux fois la longueur de ce dernier.

Pour le tuyau ouvert, le son le plus grave correspond à une longueur d'onde égale à celle du tuyau.

Un tuyau fermé sonne l'octave grave d'un tuyau ouvert de même longueur.

Des tuyaux, soit fermés, soit ouverts, mais de longueurs différentes, produisent

---

(1) *Mém. de l'Acad. des sciences de Paris*, année 1762.

des sons fondamentaux qui ont pour rapports les rapports inverses de leurs longueurs.

Un même tuyau peut rendre une série de sons déterminés qu'on nomme *harmoniques*, et dont les longueurs d'onde sont : pour un tuyau fermé, les $\frac{2}{1}$, $\frac{2}{3}$, $\frac{2}{5}$, etc., de sa longueur, et, pour un tuyau ouvert, les $\frac{2}{2}$, $\frac{2}{4}$, $\frac{2}{6}$, etc., de la longueur de celui-ci.

Les harmoniques successifs d'un tuyau fermé donneront des nombres de vibrations qui offriront, entre eux, les rapports des nombres impairs et seront, en désignant par ut_1 le son fondamental

ut_1	sol_2	mi_3	la_3 ♯ $+$	$ré_4$	fa_4 ♯ $-$	la_4^b $+$	si_4, etc.
1	3	5	7	9	11	13	15

Dans les tuyaux ouverts, les harmoniques suivent la série des nombres naturels et sont :

ut_1	ut_2	sol_2	ut_3	mi_3	sol_3, etc.
1	2	3	4	5	6

Lorsque des ondes sonores se propagent dans un tuyau, elles éprouvent contre le fond d'un tuyau fermé, ou contre l'air extérieur dans un tuyau ouvert, une *réflexion* en vertu de laquelle elles reviennent vers leur origine. On se représente, analogiquement, cette disposition des ondes sonores, en introduisant dans une chambre noire, et par une petite ouverture, un rayon lumineux qu'on fait réfléchir sur une glace de manière que le rayon *réfléchi* coïncide avec le rayon incident.

Les molécules des ondes réfléchies ayant un mouvement oscillatoire opposé à celui des ondes directes, il existe dans les tuyaux sonores des surfaces invariables, quant à leur position, qui sont les lieux de rencontre de molécules ayant des vitesses égales et contraires, et dont les mouvements s'entrecroisent : ces surfaces se nomment *surfaces nodales*. Les lieux de rencontre des molécules qui ont des vitesses égales et de même sens et où le mouvement vibratoire a son maximum d'intensité, sont les *ventres* de vibrations. Dans les *nœuds* ou surfaces nodales, l'air est le plus condensé ou le plus dilaté possible ; dans les *ventres*, il est à l'état naturel.

La condition essentielle pour qu'un tuyau puisse vibrer ou engendrer un son, condition qui a servi de base à la théorie de D. Bernouilli, c'est que les extrémités ouvertes des tuyaux soient des *ventres* de vibrations, et les extrémités fermées des *nœuds*.

Dans les tuyaux fermés, les nœuds sont situés à des distances du fond du tuyau représentées par des nombres pairs de demi-longueur d'ondes, les distances des ventres étant égales à des nombres impairs de demi-longueur d'ondulations. C'est l'inverse pour les tuyaux ouverts.

Les lois précédentes s'appliquent à tous les fluides élastiques.

Quelle que soit la nature du gaz employé pour faire parler un tuyau, les nœuds et les ventres ont toujours la même position, mais le son est différent. En effet, soit L la longueur commune à deux tuyaux fermés, parlant avec deux gaz de nature différente, on aura, en représentant par v et v' les vitesses du son dans les deux fluides, n et n' les nombres de vibrations qu'ils produisent et λ la longueur d'onde égale pour chacun d'eux :

$$2L = \lambda = \frac{v}{n}$$

$$2L = \lambda = \frac{v'}{n'} \quad \text{et par conséquent} \quad \frac{v}{v'} = \frac{n}{n'}.$$

Si nous représentons maintenant par L et L′ les longueurs de deux tuyaux qui donnent le même son avec deux gaz différents, et dans lesquels v et v' expriment les vitesses de propagation du son, λ et λ' les longueurs d'ondulations correspondantes au même son, et n le nombre égal de vibrations pour chacun des gaz, on aura :

$$2L = \lambda = \frac{v}{n}$$

$$2L' = \lambda' = \frac{v'}{n} \quad \text{et, par suite,} \quad \frac{L}{L'} = \frac{\lambda}{\lambda'} = \frac{v}{v'}$$

c'est-à-dire que les deux tuyaux devront avoir des longueurs proportionnelles aux vitesses du son dans les deux gaz. Tels sont les principes qu'ont adoptés les physiciens pour trouver la vitesse du son dans les fluides gazeux.

Les sons d'un même tuyau changent avec la température. Soient, en effet, n et n^o les nombres de vibrations qu'un même tuyau ouvert, de longueur L, peut rendre en donnant le son fondamental à t^o ou à 0°; on aura $v = Ln$ et $v_o = Ln_o$, v et v_o étant les vitesses du son dans le gaz à t^o ou à 0°. Les équations précédentes donnent

$$\frac{v}{v_o} = \sqrt{1 + a\,t^o} = \frac{n}{n_o},$$ a étant le coefficient de dilatation des gaz. Ainsi, le son monte avec la température.

Les lois de Bernouilli, que nous venons d'exposer, ne sont sensiblement exactes et vérifiées que pour des tuyaux très longs relativement à leur diamètre et embouchés à plein orifice. Dans tout autre cas, les sons dépendent de la forme des tuyaux, du mode d'embouchure et de plusieurs autres circonstances qui ont rendu impossible, jusqu'à présent, une théorie générale des tuyaux sonores.

Vibrations des corps solides.

1.° *Vibrations des corps rigides par eux-mêmes.*

a. — *Vibrations longitudinales des verges*, etc. — Les corps rigides et les cordes, quand on les frotte parallèlement à leur longueur, produisent des sons d'après les mêmes lois que nous avons établies pour les gaz. Les nœuds et les ventres, qu'on obtient dans les verges ébranlées parallèlement à leur longueur, sont distribués de la même manière que dans les tuyaux. Une verge libre suit les lois d'un tuyau ouvert, tandis qu'une verge fixée à l'une de ses extrémités se divise comme un tuyau fermé à l'un de ses bouts.

Une tige fixée à ses deux extrémités, ou une corde tendue, obéit aux mêmes lois qu'un tuyau qui serait fermé à ses deux extrémités et embouché au milieu.

Pour exciter, dans les corps solides, des vibrations longitudinales ou parallèles à leur plus grande dimension, il faut les tenir entre les doigts ou les fixer en un point qui doit être un *nœud*, afin de ne pas empêcher le mouvement des molécules, et les frotter avec du drap enduit de colophane, ou pour le verre, avec du drap imbibé d'eau acidulée.

Les vibrations longitudinales des corps solides y déterminent des compressions et dilatations périodiques, d'où résultent des flexions et des mouvements de totalité perpendiculaires à la longueur. Ces mouvements périodiques produisent dans l'air ambiant des impulsions sonores, qui sont les plus intenses, et dont le nombre de vibrations est le même que celui des molécules douées d'un mouvement longitudinal ou parallèle à la longueur des corps.

Si l'on désigne par λ la longueur d'une verge solide, par n le nombre de vibrations correspondant au son le plus grave qu'elle donne en vibrant longitudinalement, et par v la vitesse du son dans cette verge solide, on aura, comme pour les gaz : $v = \lambda n$.

Cette loi très simple a fourni aux physiciens un moyen indirect pour déterminer la vitesse du son dans les corps solides.

b. — Vibrations transversales des verges, etc. — Les vibrations transversales des verges sont parallèles à la ligne qui représente leur épaisseur, et, conséquemment, perpendiculaires à la longueur et à la largeur. Dans les cordes, elles sont seulement perpendiculaires à la longueur.

L'étude des vibrations transversales des lames et des cordes offre une grande importance et mérite toute notre attention, des physiologistes ayant fondé la théorie de la voix sur des vibrations de cette nature.

Une verge solide peut être placée dans les six conditions suivantes :

1° libre aux deux extrémités ; 2° appuyée par les deux extrémités ; 3° fixée aux deux extrémités ; 4° fixée à un bout et appuyée à l'autre ; 5° libre à une extrémité, appuyée à l'autre ; 6° libre à un bout et fixée à l'autre.

Si l'on compare entre elles plusieurs verges de même nature, placées dans les mêmes conditions et produisant les sons fondamentaux ou des harmoniques de même ordre, on trouve : *a*, que la largeur des lames est sans influence sur le nombre de vibrations ; *b*, que le nombre des vibrations est proportionnel à l'épaisseur de la verge ; *c*, qu'enfin le nombre de vibrations est réciproquement proportionnel au carré de la longueur de la verge.

La formule suivante comprend ces trois principes :

$$n = \frac{Ke}{L^2}.$$

n, nombre de vibrations ; K, coefficient constant dépendant de la nature de la verge ; e, épaisseur de la verge ; L, longueur.

Lorsqu'une lame vibrant transversalement produit des harmoniques, elle se partage en plusieurs parties séparées par des lignes de repos ou lignes nodales qui jouent, par rapport aux portions vibrantes, le même rôle que des points fixes. De chaque côté de ces lignes, qu'on nomme encore *axes de flexion*, les parties vibrantes oscillent en sens opposé.

Euler (1), ayant soumis au calcul le phénomène des vibrations transversales des verges, a donné des formules qui expriment toutes les lois de ce phénomène. Plus tard, d'autres géomètres ont repris cette question et sont arrivés aux mêmes résul-

____

(1) *Actes de l'Acad. de St-Pétersb.*, 1779.

14 DE LA VOIX.

tats (1). D'après Euler, les harmoniques que donnent les verges vibrant transversalement sont entre eux dans les rapports des carrés de certains nombres qui dépendent des conditions dans lesquelles on place le corps vibrant. Il a, de plus, établi les positions des nœuds, et Chladni a vérifié expérimentalement les résultats des calculs d'Euler.

Savart (2) a fait de nombreuses expériences sur les vibrations des verges, et il a trouvé des différences notables entre l'expérience et le résultat du calcul, surtout lorsqu'il produisait un grand nombre d'harmoniques, trente ou quarante sur une même lame.

Lissajou (3) a de nouveau vérifié, dans quelques cas, les résultats trouvés par Euler.

D étant la distance entre deux nœuds, a la longueur de la verge, et n le nombre des harmoniques, on a

$$D = \frac{2\,a}{2\,n - 1}$$

Quand, à l'aide d'un archet, on fait résonner une verge pour obtenir des vibrations transversales, on a souvent, outre les lignes nodales transversales, des lignes nodales longitudinales. Chladni avait à tort désigné sous le nom de *vibrations tournantes* ce mode particulier de vibrations normales soumises à la loi suivante : pour les sons fondamentaux et pour des verges différentes, mais de même nature, les nombres de vibrations sont réciproques à la longueur et à la largeur des verges et proportionnels à l'épaisseur.

Les divisions et les sons harmoniques obéissent aux mêmes principes qui régissent les vibrations des colonnes d'air (4).

c. — *Vibrations des plaques.* — Quelles que soient les formes des plaques, leurs sons fondamentaux reconnaissent les lois qui suivent :

Les nombres de vibrations sont réciproquement proportionnels à leurs surfaces, et en raison directe des épaisseurs.

Pour les plaques semblables, les nombres de vibrations sont inversement proportionnels à leurs dimensions linéaires.

Malgré les nombreuses recherches de Chladni et de Savart, on ne connaît pas encore les lois des harmoniques des plaques. Les lignes nodales et les figures nombreuses qu'elles produisent, paraissent liées, d'après Savart, à la position des axes d'élasticité.

2° *Vibrations des corps rendus rigides par tension.*

a. — *Vibrations des cordes.* — Les géomètres se sont beaucoup occupés de ce phénomène et sont arrivés à établir que le nombre des vibrations des cordes est en raison inverse de leur longueur et de leurs diamètres ; qu'il est réciproquement proportionnel aux racines carrées de leur densité, et aussi à celles des poids qui les tendent.

Savart avait reconnu, à l'aide de nombreuses expériences, que ces lois n'étaient

(1) Poisson, *Traité de mécanique*, t. II, 2e édit., p. 366.
(2) *Leçons professées au Collége de France.* — *Journal l'Institut*, 1839, n° 293.
(3) *Ann. de physique et de chimie*, 3e série, t. XXX, p. 385.
(4) Savart, *Leç. cit.*, 1835.

pas exactes, et il avait admis que les différences entre le calcul et l'expérience devaient être attribuées à la *rigidité* de la corde, dont les géomètres ne tenaient pas suffisamment compte.

Son frère, N. Savart (1), a vérifié cette opinion, et a trouvé qu'en désignant :
Par n le nombre de vibrations théoriques qui est donné par la formule

$$n = \sqrt{\frac{g\,P}{p\,L}} = \frac{1}{R\,l} \sqrt{\frac{g\,P}{\pi\,D}} \quad (*)$$

Par N le nombre de vibrations observées, et par v le nombre de vibrations qu'exécuterait la corde si elle vibrait comme une tige rigide par elle-même, on avait

$$N^2 = n^2 + v^2.$$

Ces formules, suivant une observation de Duhamel (2), s'accordent parfaitement avec la théorie, en regardant la rigidité propre de la corde comme une tension s'ajoutant à celle qui est produite par les poids.

Une corde peut se diviser en plusieurs parties égales et produire des harmoniques correspondant à la longueur de chacune de ses divisions. Souvent ce mode de partage est obtenu sans autre moyen qu'un coup d'archet un peu rapide. Mais on le fait naître facilement en touchant la corde en un point de division.

Lorsqu'une corde vibre et produit le son fondamental, on entend souvent plusieurs harmoniques. Plusieurs auteurs pensent que ces harmoniques sont dus à des subdivisions de la corde principale qui coexistent sans se nuire. Duhamel, pour expliquer les harmoniques, pense que la corde se partage en plusieurs parties vibrantes, dont les oscillations sont indépendantes. La théorie des harmoniques des cordes n'est pas encore satisfaisante.

b. — *Vibrations des lames minces.* — Les lames minces, très longues relativement à leur largeur, et tendues entre deux points fixes, sont soumises aux mêmes lois que les cordes.

c. — *Vibrations des membranes.* — Il est difficile de mettre en vibration des membranes tendues sur des cadres : les sons qu'elles produisent sont toujours très graves. On parvient néanmoins à les faire résonner en faisant vibrer en leur présence des corps sonores dont les vibrations leur sont communiquées par l'air interposé. Les lignes nodales qu'on obtient alors sur des membranes, ont la plus grande analogie avec celles des plaques solides, et l'on doit supposer que les lois qui régissent les vibrations de ces dernières, conviennent aussi aux premières (3).

De la communication des mouvements vibratoires.

Lorsque des corps solides sont réunis de manière à former des systèmes, il résulte, des expériences de Savart, que toutes les parties du système vibrent à l'unisson, et que la direction du mouvement moléculaire est toujours parallèle

---

(1) *Ann. de physique et de chimie*, 3ᵉ série, t. VI, p. 5.
(*) g, intensité de la pesanteur ; P, poids qui tend la corde ; R, rayon de la corde ; l, sa longueur ; D, sa densité ; p, son poids et $\pi = 3,1415$.
(2) Rec. cit., 3ᵉ série.
(3) F. SAVART, *Ann. de physique et de chimie*, 2ᵉ série, t. XXXII, p. 384.

à la direction de l'ébranlement. Ces principes sont vrais, quel que soit le mode de réunion des différentes parties du système.

On peut donc toujours regarder un système de corps réunis comme un tout donnant naissance, quand il entre en vibration, à des systèmes de lignes nodales qui dépendent de sa constitution.

Lorsque des corps sont séparés par des gaz, de l'air, par exemple, les lois précédentes sont encore applicables ; mais, dans ces cas, le corps vibrant moteur, c'est-à-dire celui qui est directement ébranlé, ne détermine, dans les corps voisins, des vibrations énergiques qu'autant que ces derniers peuvent donner le même son ou des harmoniques du premier.

C'est ainsi qu'en ébranlant une corde de basse ou de violon, celle-ci fera vibrer toutes les cordes d'autres instruments capables de vibrer à l'unisson de la première, ou au moins capables de produire un de ses harmoniques.

Bien qu'une corde ne puisse résonner d'une manière très sensible, sous l'influence des vibrations d'une autre corde, qu'autant qu'elle est à l'unisson ou capable de produire ses harmoniques, on ne peut en tirer aucune conclusion contraire aux principes énoncés plus haut. Les vibrations de la corde seulement sont trop faibles. Car si l'on prend une membrane tendue et recouverte de sable, on peut s'assurer qu'elle reçoit par l'air les impulsions de tout corps qui vibre dans son voisinage, et qu'elle produit le même nombre de vibrations que le corps sonore. Il suffit de poser un diapason sur une table d'harmonie ou sur un corps solide, pour obtenir un grand renforcement de son dû au mouvement vibratoire communiqué par le diapason à son support (1).

Conditions générales de la formation du son dans divers instruments de musique.

« C'est depuis longtemps une chose passée en habitude, chez les physiologistes, dit Gerdy (2), de ne point parler de la voix sans assimiler l'organe qui la produit à quelques uns de nos instruments de musique. Pour moi, s'il m'est permis d'opposer mon opinion à celle de tant d'hommes illustres, je crois qu'il serait plus juste de montrer que l'instrument de l'homme n'a point son pareil encore dans les instruments des arts. »

Ce sentiment est le nôtre. Le larynx humain est bien un instrument tout spécial, aussi inimité dans sa perfection qu'admirable dans ses effets. Toutefois, quand il s'agit de chercher à expliquer la production des sons dans cet appareil, on ne saurait se dispenser d'étudier les conditions générales de la formation du son dans les divers instruments, surtout ceux qui imitent le mieux la voix humaine. C'est à cette étude préalable que sont consacrées les pages qui suivent :

Les instruments de musique sont *simples* ou *composés*. Les premiers sont ceux dans lesquels il n'y a aucun moyen de renforcement du son ; les seconds sont, au contraire, ceux dans lesquels l'intensité du son est augmentée par les vibrations de pièces accessoires.

---

(1) F. SAVART, *Ann. de physique et de chimie*, 2e série, t. XIV, p. 113 ; t. XXXI, p. 383 ; t. XXXII, p. 384 ; — et *Leçons de physique professées au collège de France*; dans *Journal l'Institut*, année 1839, nos 311, 312, etc.

(2) *Physiol. méd.*, Paris, 1832, t. I, p. 773.

Parmi les instruments simples, nous citerons le claquebois, le triangle, le violon de fer, etc.

Les instruments composés se divisent en instruments à cordes, à membranes tendues, et en instruments à vent.

Les instruments simples n'offrent aucun intérêt pour l'explication de la voix humaine. Les considérations exposées précédemment et relatives aux vibrations des corps expliquent suffisamment comment ils produisent des sons. Il n'en est pas de même des instruments composés : ceux-ci réclament une étude particulière, dont les résultats pourront d'ailleurs servir à éclairer le sujet qui nous occupe.

Instruments à cordes.

Violon. — Parmi les instruments à cordes, il est le plus remarquable.

En exposant comment les sons se forment et se renforcent dans le violon, nous aurons donné à peu près la théorie de tous les instruments à cordes.

Dans le violon, le son est primitivement dû aux vibrations des cordes obéissant aux lois énoncées plus haut. Mais le son d'une corde isolée serait très faible, si cet instrument n'était pas composé de pièces solides et de fluide gazeux vibrant à l'unisson des cordes et destinés à renforcer le son.

L'intensité d'un son dépend, en grande partie, de la masse d'air choquée par le corps vibrant. Nous citerons, à ce sujet, une intéressante expérience de Pelisow :

On fixe un clou à une muraille, et à ce clou on suspend une corde tendue par un poids. Si l'on fait vibrer la corde, on entend à peine le son; mais si, à l'aide d'une verge solide, on met le clou en communication avec le chevalet d'une basse posée sur une table, on entend la basse fortement résonner à l'unisson de la corde, et le son est considérablement renforcé.

Toutes les parties solides d'un violon n'ont pas d'autre but que de rendre aussi grande que possible la partie vibrante qui communique ses mouvements à l'air extérieur. Ainsi, *l'âme* rend normales les vibrations des tables qui, comme des plaques, oscillent à l'unisson des cordes et de la masse d'air contenue dans le violon ; cet air est le corps qui augmente au plus haut degré l'intensité du son.

Dans un violon, les cordes sont donc l'origine de vibrations qui, communiquées à l'air extérieur par les tables et les autres parties solides, acquièrent une intensité très grande par les vibrations du fluide gazeux. Aussi Savart a-t-il rangé les violons parmi les instruments à vent. Il est bien démontré, par les faits précédents, que les cordes vibrantes ne produisent par elles-mêmes que des sons faibles, et, pour ainsi dire, sans effet.

Savart a déterminé les poids nécessaires pour tendre les cordes les plus minces d'un violon, et il a trouvé qu'il fallait un poids de 10 à 11 kilogr. pour la corde qui donne le *la*, etc.

Guitare. — Dans cet instrument, le son est renforcé par les tables et l'air contenu dans la caisse. Mais le son est toujours faible, parce qu'on ne peut rendre les vibrations normales aux tables.

Harpe. — Dans la harpe, le son paraît être principalement renforcé par la table.

Piano. — C'est encore la table et les autres parties solides de cet instrument qui augmentent l'intensité du son.

Ces faits nous révèlent la cause des sons produits dans les circonstances suivantes :

1° En frottant le doigt médius avec le pouce et le faisant choquer sur les autres doigts formant tuyau, si l'on prend dans la main des tuyaux de diverses longueurs, on peut obtenir tous les sons de la gamme.

2° En plaçant un crayon ou une verge de bois sur les dents, on produit, en frappant dessus, tous les sons possibles en augmentant ou diminuant convenablement la cavité buccale ou la masse d'air mise en vibration. Un peu d'habitude suffit pour parvenir à jouer des morceaux de musique avec une intensité de son très remarquable.

3° Si, tenant la bouche plus ou moins ouverte, on frappe sur la joue, on a des sons variés et dus évidemment à la vibration de la colonne d'air.

4° Enfin, en retirant vivement un piston d'un tube, on entend le son du tube, produit par le choc de l'air extérieur.

Dans la crécelle, la lame paraît destinée à choquer l'air de la caisse et à le mettre en vibration. Ce qui prouve que le son n'est pas dû aux chocs successifs de la lame sur les dents du pignon, c'est qu'on change le son en modifiant la forme ou la masse d'air de la caisse; et l'on trouve que le son est toujours celui que rend la caisse de l'instrument, quand on la fait vibrer à la manière des instruments à vent.

Il est d'ailleurs facile de prouver qu'un simple choc suffit pour ébranler une colonne d'air et lui faire produire le son qu'elle rendrait naturellement : si l'on prend, en effet, une série de tuyaux d'orgues et qu'on les choque, on entend le même son qu'en mettant les colonnes d'air en vibration par les moyens connus.

Instruments à vent.

Dans les instruments à vent, le son est produit dans un appareil spécial que nous étudierons en détails, et il est renforcé par une colonne d'air.

Dans l'appareil générateur du son, le mouvement vibratoire résulte de l'écoulement de l'air ou de tout autre fluide gazeux.

Pour bien comprendre la production du son dans les instruments à vent, il importe de connaître les principaux phénomènes que présentent les fluides dans leur écoulement. Ces phénomènes étant les mêmes, quelle que soit la nature du fluide, nous les étudierons d'abord dans les liquides, parce qu'ils y sont plus faciles à observer.

Vu l'importance d'application des beaux travaux de Savart sur l'écoulement des liquides, travaux dont les résultats formeront, pour nous, la base des théories qui seront développées plus tard pour les instruments à vent et la voix des animaux, nous espérons que le lecteur voudra bien nous pardonner l'étendue des détails de physique dans lesquels nous sommes forcé d'entrer (1).

Phénomènes dus à l'écoulement des fluides.

Tous les physiciens qui, jusqu'à Savart, s'étaient occupés de l'écoulement des liquides, n'avaient jamais recherché quelle était la constitution d'une veine liquide.

(1) Ces détails sont empruntés aux leçons de SAVART, professées au collége de France, et publiées par A. MASSON, dans le *Journal l'Institut*, numéros 331, 332, 333, et dans les *Ann. de chim. et phys.*, 2° série, t. LIII, LIV et LV.

Ainsi Dubuat, Bossut, D. Bernouilli, Venturi, etc., malgré leurs nombreux travaux sur l'hydraulique, n'ont fait aucune tentative dans cette direction.

Toute veine liquide, lancée verticalement de haut en bas, par un orifice circulaire pratiqué dans une paroi plane, est toujours composée de deux parties bien distinctes par l'aspect et la constitution.

La partie qui touche à l'orifice est un solide de révolution dont toutes les sections horizontales vont en diminuant continuellement de diamètre : cette première partie de la veine est calme et transparente ; elle ressemble à une tige de cristal.

La seconde partie, au contraire, est toujours agitée et paraît dénuée de transparence, quoiqu'elle soit d'une forme assez régulière pour qu'on puisse voir qu'elle est divisée en un certain nombre de renflements allongés, dont le diamètre maximum est toujours plus grand que celui de l'orifice : la moitié supérieure du ventre ou renflement le plus élevé enveloppe l'extrémité inférieure de la partie limpide, qui se perd au milieu de ce même ventre, et semble se transformer en un tuyau creux qui traverse tous les autres ventres. La longueur et le diamètre des ventres sont d'autant plus considérables que la charge est plus forte.

Pour bien observer cette constitution de la veine, il faut prendre de l'eau fortement colorée par une dissolution d'indigo dans l'acide sulfurique, placer le jet devant une fente percée dans le volet d'une chambre obscure recevant l'action du soleil, et regarder la veine de bas en haut. Celle-ci change d'aspect avec la manière dont on la regarde et avec son mode d'éclairement : si l'on fixe un point élevé du jet et qu'on abaisse brusquement les yeux de manière à suivre le mouvement du point qu'on considère, au lieu de la partie trouble, on n'aperçoit plus que de très grosses gouttes placées verticalement les unes au-dessus des autres, et laissant entre elles des espaces vides huit ou dix fois plus grands que le diamètre des gouttes. D'où il semblerait résulter que la continuité du jet n'est pas réelle, et que l'apparence qu'il présente est due à la persistance de la sensation produite sur la rétine par le passage successif des gouttes espacées d'une certaine manière, et subissant dans leur chute des changements de forme périodiques et susceptibles, par leur retour, à des distances déterminées, de nous donner la sensation de la présence d'un corps qui n'existe réellement pas.

Ces idées sont confirmées par les faits suivants : si l'on passe brusquement un corps mince et étroit à travers la partie trouble de la veine et perpendiculairement à sa direction, il arrive rarement qu'il soit mouillé. Souvent on peut voir très distinctement, à travers une veine liquide, des objets situés de l'autre côté. Si l'on fait passer une planche suffisamment légère et perpendiculairement à travers un jet liquide lancé sous une faible pression, on aperçoit des points mouillés, régulièrement espacés. En laissant écouler du mercure, on remarque qu'il présente la même apparence que l'eau : il est translucide dans toute la partie de son étendue située au dessous du milieu du ventre le plus élevé de la partie trouble, et les corps les plus déliés se voient très distinctement à travers son épaisseur.

Enfin, pour mettre hors de doute la discontinuité de la veine et en étudier tous les détails, on a fait mouvoir, du côté opposé à l'œil, une lanière noire, passée sur deux cylindres et sur laquelle on avait placé, de distance en distance, des bandes transversales blanches. En regardant le jet, pendant qu'elle est animée d'un mouvement ascensionnel d'une vitesse convenable et qu'on ne peut déterminer que par tâtonnement, on voit une image présentant deux parties bien distinctes : L'une inférieure, qui se compose de bandes transversales noires et lisses, et qui correspond à la partie trouble de la veine ; l'autre supérieure , correspondant à la partie limpide, qui paraît immobile comme cela a lieu quand on la regarde directement, mais avec cette différence que, vers son extrémité inférieure , ses bords présentent des saillies à peu près uniformément espacées et qui deviennent d'autant plus fortes qu'elles sont plus voisines de l'extrémité du jet. Cette dernière partie du jet correspond à la moitié supérieure du premier ventre de la partie trouble , et il résulte de là que cette moitié supérieure est formée par des renflements annulaires qui descendent le long du jet, puisque , sans le secours de l'appareil, elle se montre sous l'aspect d'une enveloppe lamelleuse et flottante , tandis qu'avec l'appareil elle paraît composée de saillies immobiles, et qui se correspondent sur deux arêtes quelconques et opposées de la veine.

L'expérience précédente montre que la partie trouble de la veine est composée de gouttes bien distinctes les unes des autres, qui subissent pendant leur chute des changements périodiques de forme, auxquels sont dues les apparences des ventres ou renflements régulièrement espacés, que l'inspection directe fait reconnaître dans cette partie de la veine dont la continuité apparente dépend de ce que les gouttes se succèdent à des intervalles moindres que la durée de la sensation produite sur la rétine par chaque goutte en particulier. Les gouttes isolées qui forment la partie trouble de la veine résultent de renflements annulaires, qui prennent naissance très près de l'orifice et qui se propagent, à des intervalles de temps égaux, le long de la partie limpide de la veine, en augmentant de volume à mesure qu'ils descendent, et qui, enfin, se séparent de l'extrémité inférieure de la partie limpide et continue de la veine, à des intervalles de temps égaux à ceux de leur production et de leur propagation.

Nous ajouterons qu'on peut s'assurer de la constitution de la veine liquide , décrite par Savart, soit en éclairant cette veine par une forte étincelle électrique provenant d'une bouteille de Leyde, soit par le procédé très ingénieux indiqué par Billet (1). Billet fait couler la veine liquide devant un miroir sphérique, concave un peu au delà du centre de courbure, et obtient alors une image renversée et réelle de la veine placée un peu en deçà du centre et en face de la première. Ces deux veines, se mouvant en sens contraire et avec la même vitesse, font apercevoir la veine réelle comme si elle était fixe.

Les résultats précédents, sur la constitution de la veine, sont la conséquence de l'expérience suivante : On prend un vase cylindrique dont le fond supérieur est muni d'un entonnoir par lequel s'introduit le liquide, et dont le fond est percé d'une petite ouverture de 2 à 3 millimètres de diamètre, à laquelle s'adapte un tube de verre de 1 centimètre environ. On peut, en modifiant convenablement l'ouverture du robinet, obtenir un écoulement goutte à goutte se succédant à des intervalles plus ou moins éloignés. On dispose , derrière le jet vertical, un écran noir en face duquel l'observateur se place. Ce dernier produit des gouttes qui se succèdent à un cinquième de seconde d'intervalle , et alors il a la sensation d'un jet continu. Il est facile d'estimer, par le choc que font les gouttes en tombant, le temps qui s'écoule entre la formation de deux gouttes successives.

En examinant attentivement la formation des gouttes , on voit distinctement que le liquide s'accumule peu à peu à l'orifice du tube en affectant la forme d'une petite masse arrondie par le bas, et qui va en grossissant jusqu'à une certaine limite

____

(1) *Ann. de phys. et de chimie*, 3e série, t. XXXI, p. 328.

passé laquelle elle s'allonge subitement pour projeter une goutte de 5 à 6 millimètres de diamètre, constamment suivie d'une seconde goutte d'un diamètre beaucoup moindre ; et après avoir lancé ces deux gouttes, la petite masse de liquide, qui est restée adhérente à l'orifice, se relève brusquement pour reprendre momentanément sa première forme arrondie, puis elle s'allonge pour se raccourcir de nouveau, et ainsi de suite, en faisant de véritables oscillations qui durent jusqu'à ce que son volume augmentant graduellement par l'arrivée du liquide, elle projette de nouveau deux gouttes d'inégal diamètre. D'un autre côté, on observe que, quand les gouttes d'un plus grand diamètre sont sur le point de se détacher, elles sont arrondies par le bas, effilées par le haut, et qu'à l'instant où la séparation s'opère elles se contractent sur elles-mêmes avec tant d'énergie, qu'elles lancent toujours plusieurs gouttelettes dans différentes directions.

Il est clair maintenant : 1° Que la continuité apparente des deux jets dépend de ce que la durée du passage successif des deux gouttes par un même point est moindre que la durée de la sensation produite par chacune d'elles sur la rétine ; 2° que l'apparence des deux jets concentriques est due à ce que les deux séries de gouttes d'inégal diamètre donnent lieu chacune à l'apparence d'un jet distinct ; 3° que les renflements ou ventres de ces jets apparents dépendent de ce que les gouttes, après s'être contractées sur elles-mêmes, au moment de leur départ, tendent sans cesse, en vertu de la force attractive qui sollicite leurs particules, à affecter la forme sphérique à laquelle elles ne peuvent néanmoins parvenir qu'après une suite de contractions et d'allongements périodiques, pendant la durée desquels elles revêtent des formes sans doute très compliquées, mais dont le caractère général doit consister en ce que leur diamètre transversal atteint périodiquement deux limites extrêmes de grandeur. Or, on conçoit sans peine que ces variations périodiques du diamètre transversal des gouttes ayant lieu pendant leur mouvement de translation, il doit en résulter, attendu la persistance de l'impression faite sur la rétine, l'apparence d'un jet présentant des renflements espacés d'une manière régulière.

La production et la propagation des renflements annulaires, ainsi que l'émission des gouttes qu'ils engendrent lors de leur arrivée à l'extrémité du jet, ont lieu avec une grande régularité, et à des intervalles de temps égaux entre eux.

En effet, en approchant l'oreille très près de la partie trouble d'une veine, on entend un son qui dépend uniquement du choc des gouttes et des renflements contre l'air, et qui, étant très faible, peut être rendu plus énergique en laissant arriver le jet sur une membrane tendue horizontalement, ou sur le fond d'un vase de métal. On peut prendre le son avec un violon et l'on constate qu'il est le même pour tous les points de la veine. Il n'est donc pas douteux que les renflements annulaires du jet se succèdent à des intervalles de temps égaux, et que les gouttes, qu'ils forment en arrivant à l'extrémité du jet, soient soumises dans leur émission à la même périodicité.

Le nombre des oscillations qui résultent du choc de la partie trouble est directement proportionnel à la vitesse de l'écoulement ou à la racine carrée de la charge, et en raison inverse du diamètre des orifices.

Les renflements annulaires, dont la succession produit tous les phénomènes que présente une veine fluide, sont engendrés par une succession périodique de pulsations qui ont lieu à l'orifice même, de sorte que la vitesse de l'écoulement au lieu d'être uniforme est périodiquement variable. Ce qui prouve que c'est à l'orifice que le phénomène prend naissance, et qu'il se produit comme nous venons de l'indiquer, c'est que la résistance de l'air n'a aucune influence sensible sur la forme et la dimension de la veine, non plus que sur le nombre des pulsations, comme on s'en est assuré en laissant tomber le jet dans un grand tube vide d'air.

L'amplitude des vibrations peut être considérablement augmentée par des vibrations de même période communiquées à la masse entière du liquide et aux parois du réservoir qui le contient. Cela a été constaté en faisant produire à des violons ou des basses des sons à l'unisson de ceux du liquide. A une distance très grande, la constitution de la veine est subitement changée sous l'influence de ces différents sons qui agissaient sur la masse entière du liquide et non sur la veine elle-même, puisque le phénomène se passait de la même manière quand la veine était dans le vide.

Ce qui démontre ce fait important, que la période des oscillations ne dépend point des dimensions de la veine, et que cette période est réglée par les circonstances mêmes du passage du liquide à l'orifice, c'est que les modifications imprimées à la veine par les ondes sonores dépendent uniquement de l'action qu'elles exercent sur les parois du vase, et qu'elles sont bien plus marquées quand le corps sonore, qui peut être un timbre, un diapason ou un violon, est directement en contact avec le réservoir.

Sous l'influence des ondes sonores, la longueur de la partie limpide et continue du jet peut se réduire presque à rien ; tandis que les ventres de la partie trouble acquièrent une régularité de forme et une transparence qu'ils ne possèdent pas ordinairement. Lorsque le nombre de pulsations qui a lieu à l'orifice est différent du nombre de vibrations communiquées, il peut être altéré, mais seulement dans certaines limites ; ce qui établit un nouveau fait de la réaction des corps en vibration et vient confirmer la généralité des principes admis à ce sujet. On peut même obtenir des battements produits par la réaction des ondes d'une corde, d'un diapason, et les oscillations de la veine qu'on voit remonter à chaque battement.

Les phénomènes qui viennent d'être énoncés restant les mêmes lorsqu'on a soustrait le réservoir à l'action de toute espèce d'onde sonore, et ne dépendant ni de la nature du liquide, ni de sa température, et le nombre des pulsations étant déterminé uniquement par la vitesse de l'écoulement et le diamètre des orifices, on a été conduit à penser que la pesanteur était la seule cause des phénomènes, et que ceux-ci étaient dus à de très petites oscillations de la masse entière du fluide, dont la partie centrale s'abaisse tandis que la partie la plus extérieure est animée d'un mouvement en sens contraire. Dans cette supposition, toutes les tranches horizontales du fluide seraient le siége d'un mouvement analogue à celui d'un disque libre sur son contour, et qui exécute des vibrations normales en se divisant en deux parties vibrantes séparées par une seule ligne nodale circulaire.

L'ensemble des circonstances qui accompagnent ce mouvement oscillatoire fait présumer qu'il est produit de la manière suivante : Au moment où l'on ouvre l'orifice, les filets fluides se précipitent en vertu de la pesanteur, et, comme ils ne peuvent pas tous passer en même temps, ils se pressent à l'orifice, y forment une espèce de ventre qui éclate tout à coup en lançant périodiquement du fluide au dehors. Il y aurait ainsi des maxima et des minima de vitesse dans l'écoulement du liquide.

L'expérience suivante prouve encore que c'est à l'orifice qu'a lieu le mouvement vibratoire : une basse est mise en communication avec le réservoir ; la veine se raccourcit comme si l'on produisait un son ayant le même nombre de vibrations qu'elle-même.

La constitution des veines lancées horizontalement ou même obliquement par des orifices circulaires de bas en haut, ne diffère pas essentiellement de celle des veines lancées verticalement de haut en bas ; seulement le nombre des pulsations paraît devenir d'autant moindre, que le jet approche plus d'être lancé verticalement de bas en haut. Quelle que soit la direction de la veine, son diamètre décroît toujours très rapidement jusqu'à une petite distance de l'orifice.

Mais, quand la veine tombe verticalement, le décroissement continue jusqu'à ce que la partie limpide se perde dans la partie trouble. Il en est encore de même quand la veine est lancée horizontalement, quoique alors le décroissement suive une loi moins rapide. Lorsque le jet se fait obliquement de bas en haut et qu'il forme avec l'horizon un angle de 25 à 45 degrés, toutes les sections normales à la courbe qu'il décrit, deviennent sensiblement égales entre elles à partir de la section contractée qui touche à l'orifice. Enfin, pour des angles plus grands que 45 degrés, le diamètre de la veine va en augmentant depuis la partie contractée jusqu'à la naissance de la partie trouble ; de sorte que c'est seulement alors qu'il existe une section qu'on peut à juste titre appeler *section contractée*.

Entre 25 et 45 degrés la veine présente une particularité remarquable : les gouttes dont est composée la partie trouble ne décrivent pas toutes une courbe unique, mais elles forment une sorte de gerbe dont la discontinuité est partout manifeste, et qui est composée de gouttes qui décrivent des courbes paraboliques contenues dans un même plan vertical. Cet éparpillement de gouttes dans un même plan vertical paraît dépendre de ce que la partie continue de la veine est le siége d'un mouvement irrégulier de vibration déterminé par la vitesse périodiquement variable de l'écoulement, et sans doute aussi par le mode de séparation des gouttes elles-mêmes, qui alors ne s'opérerait pas d'une manière aussi régulière que quand le jet tombe verticalement.

Les mouvements vibratoires extérieurs ont encore une grande influence sur la régularité de la veine. Quelle que soit la forme de l'orifice, la constitution de la veine est toujours la même ou au moins analogue.

L'influence des ondes sonores sur la veine peut donner naissance à un phénomène dynamique très remarquable : On prend un réservoir duquel le liquide s'écoule sous une pression constante, on reçoit le jet sur la petite branche d'un siphon dont la grande branche verticale, comme la petite, s'élève au-dessus du niveau du réservoir ; le liquide provenant de la veine remplit le siphon, et le niveau s'élève dans le tube au niveau de l'eau dans le réservoir. Si, dans ce moment, on produit près de la masse liquide un son dont le nombre de vibrations soit le même que celui de la colonne liquide, ce liquide descend brusquement dans la grande branche du siphon pour remonter ensuite aussitôt que le son cesse.

Après avoir examiné la constitution de la veine fluide et le mouvement vibratoire dont cette veine est le siége, il était important de rechercher si, en lui faisant subir des altérations dans sa forme et dans sa nature, cet état vibratoire se conservait.

Si l'on reçoit la veine fluide sur un disque circulaire plan et horizontal, ou sur le sommet d'un cône, on trouve que les modifications qu'elle subit après le choc dépendent du diamètre de l'orifice et de celui du disque ; qu'elles varient, avec la vitesse d'écoulement du liquide, sa nature et sa température. Il est facile d'acquérir une idée nette de ces modifications au moyen d'un appareil composé d'un tube de verre d'environ 1 décimètre de diamètre et de 2 mètres de hauteur, dont l'extrémité inférieure est fermée par une platine de métal percée à son centre d'un orifice de 5 à 15 millimètres de diamètre. Ce tube étant solidement assujetti dans une position verticale et préalablement rempli d'eau, on place à 1 ou 2 centimètres au-dessous de l'orifice un disque de métal monté sur une tige d'un petit diamètre, ayant à peu près 70 centimètres de hauteur, et fixée sur un support convenable-ment disposé pour qu'on puisse donner à la surface du disque une direction hori-zontale, et faire coïncider son centre avec la verticale qui passe par le centre de l'orifice.

Pour fixer les idées, nous supposerons que le diamètre du disque soit de 27 millimètres de diamètre, et le diamètre de l'orifice de 12 millimètres. A l'instant où l'écoulement est établi, le liquide étant préalablement parfaitement calme dans le tube, la veine, après avoir frappé le disque, se répand dans tous les sens et forme une nappe circulaire et continue qui a la forme d'un parapluie, et dont le diamètre a environ 60 centimètres. La partie centrale est mince, unie et trans-parente; mais son pourtour, qui a une plus grande épaisseur, est trouble et se présente sous la forme d'une zone annulaire recouverte d'un grand nombre de stries rayonnantes, coupées par d'autres stries circulaires, qui projettent au loin une multitude de petites gouttelettes. Ces nappes ne sont jamais calmes; elles sont le siége d'un mouvement périodique d'élévation assez rapide pour donner nais-sance à un son sourd, analogue à celui que produisent pendant le vol les ailes de certains oiseaux. On remarque également que leur diamètre croît et décroît pério-diquement d'une petite quantité, et ces alternatives se répètent un assez grand nombre de fois, dans une seconde, pour donner naissance à un son sourd et sou-tenu, lorsqu'on approche un corps solide ou une membrane tendue jusqu'au contact de l'orifice. Le niveau du liquide dans le tube s'abaissant continuellement, le diamètre de la nappe s'agrandit peu à peu, en même temps que la partie auréolée change d'aspect; elle devient plus transparente, sa largeur diminue, elle se couvre de bosselures, et enfin elle disparaît entièrement quand la pression intérieure n'est plus que de 60 à 62 centimètres : la nappe atteint alors son plus grand diamètre, qui est d'environ 50 centimètres, et elle se présente sous la forme d'une large capsule dont la concavité est tournée en bas et dont le contour libre, légèrement dentelé, lance un grand nombre de gouttes qui partent des angles saillants des dentelures. La pression à l'orifice continuant toujours à décroître, la nappe unie que nous venons de décrire diminue graduellement de diamètre, mais en même temps elle se recourbe sur elle-même à sa partie inférieure, en se portant vers la tige qui contient le disque ; et, à la pression de 32 ou 33 centimètres d'eau, elle se ferme entièrement en revêtant la forme d'un solide de révolution ayant environ 40 centi-mètres de diamètre et 15 de hauteur, dont la surface est parfaitement unie et dont la génératrice ressemble beaucoup à une demi-lemniscate. A partir de cet instant, la nappe décroît insensiblement de volume; mais, quand la pression n'excède pas 10 à 12 centimètres d'eau, sa forme change brusquement : sa partie inférieure de-vient tout à coup concave en se relevant au-dessus du disque ; puis, après un temps fort court, la première forme reparaît, et ces changements instantanés se renou-vellent périodiquement sept ou huit fois, jusqu'à ce que la nappe, diminuant tou-jours de volume, finisse par disparaître entièrement.

Afin d'étudier le phénomène dans toutes ses particularités, on s'est procuré un écoulement constant et sous une pression variable, et l'on a observé que, pour toutes les pressions, le mouvement vibratoire de la veine se communique à la nappe, quelle qu'en soit la forme ; que les auréoles jouissent de la faculté de rendre des sons par suite des chocs qu'elles exercent contre l'air, et que ces sons acquièrent beaucoup plus d'intensité lorsqu'on présente au choc de cette partie de la nappe un corps solide, dont le plan fait avec sa surface un angle de 45 degrés. On observe en outre, quand l'écoulement est constant, que le degré d'acuité des sons varie avec la distance à laquelle le corps choqué se trouve du bord interne de l'auréole, le son étant plus grave quand ce corps se trouve plus près du bord libre de la nappe. Le diamètre des orifices ne paraît exercer aucune influence sur le nombre de ces vibrations ; mais l'épanouissement de la veine, occasionné par la présence du plan circulaire, a pour résultat de diminuer le nombre des oscillations de la partie libre de la veine. Car une veine donnait dans une expérience le son $si_4^{\flat} = 1843$ vibrations, et, pour un orifice de 3 millimètres, elle produisait, en s'épanouissant, le son $mi_3 = 640$ vibrations.

Pour obtenir un son sous une grande pression, on a placé de l'eau dans une machine de compression ordinaire où l'on a condensé l'air jusqu'à lui donner une pression de six atmosphères : dans ce cas, les sons qui résultent du choc de l'auréole contre un corps solide acquièrent une grande pureté et une grande intensité, et l'on constate qu'ils deviennent d'autant plus aigus que la pression est plus forte.

Il paraît encore que les nombres de vibrations sont proportionnels à la vitesse d'écoulement.

La direction du jet n'a aucune influence sur les phénomènes qui viennent d'être examinés, lorsque la pression est très grande. Mais, quand celle-ci est assez faible pour que l'action de la pesanteur lui soit comparable, cette dernière force apporte dans la forme des nappes des modifications qui varient avec la direction du jet.

Dans tous les cas, la nappe est le siége d'un mouvement vibratoire analogue à celui d'un jet tombant librement ; ce qui s'explique très bien, puisque les nappes ne sont autre chose que le développement de la veine, avec ses renflements annulaires. Pour mieux rendre notre pensée, nous dirons que la nappe s'ouvre comme un parapluie, et que le renflement annulaire de l'extrémité de la partie pleine du jet forme les stries annulaires de la nappe.

La température du liquide influe sur tous ces phénomènes. Le diamètre de l'orifice et celui du disque restant constants, au maximum de densité de l'eau, le diamètre des nappes atteint son maximum : il devient nul au terme d'ébullition et à la température de 1 à 2 degrés centigrades, ce qui indique évidemment qu'à cette température les molécules sont dans un état d'équilibre instable avant d'arriver à la congélation.

La nature du liquide exerce une très grande influence sur le diamètre des nappes, toutes circonstances étant égales d'ailleurs. On pourrait penser que ce phénomène de flottement et de vibration de la nappe dépend du frottement ou de l'adhérence du liquide au disque ou au cône ; mais il n'en est rien, comme on peut s'en assurer par l'expérience suivante : Deux vases sont munis à leur partie inférieure de deux tubes cylindriques coudés, tournés en sens contraire et terminés coniquement ; ces tubes sont placés de manière que le liquide d'un vase puisse choquer le liquide de l'autre vase. Le niveau de l'eau dans chaque vase est maintenu le même au moyen d'un siphon dont les branches sont égales. Lorsque l'écoulement a lieu, on observe une très belle nappe auréolée, toute semblable à celle qui a lieu par le choc d'une veine contre un disque. Les vibrations d'une basse ou de tout autre corps sonore apportent dans cette nappe les modifica-

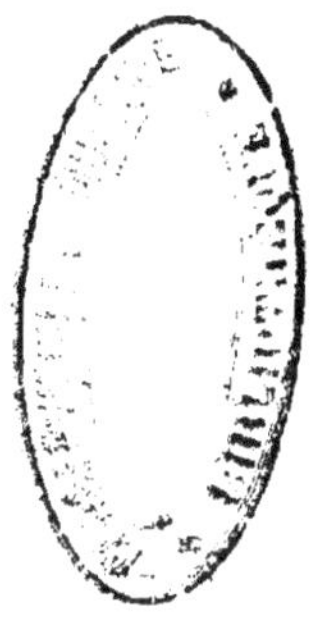

tions qu'elles impriment aux autres nappes ; d'où nous pouvons conclure que le réservoir est le siége du mouvement oscillatoire qui se communique aux nappes ou à un jet liquide simple, et que ce mouvement ondulatoire se conserve dans la veine, quelles qu'en soient la forme et les modifications. Nous voyons en outre que, bien que ces modifications produites dans l'état des veines par la rencontre d'un disque circulaire soient très grandes, il est néanmoins évident que les circonstances les plus générales de cet état ne sont pas changées, et que tout se passe à peu près comme si le liquide, au lieu de sortir d'un orifice circulaire et de s'épanouir sur un disque, sortait directement par un orifice annulaire formé par les bases de deux tuyaux cylindriques placées sur le même axe, et qui laisseraient entre elles un petit intervalle par lequel le liquide s'écoulerait. En effet, il y a la plus grande analogie entre la partie auréolée des nappes et la partie trouble des veines ; l'une et l'autre rendent des sons soit par les chocs périodiques qu'elles exercent contre l'air, soit par ceux qu'elles produisent contre les corps solides qu'on leur présente. D'un autre côté, les nombres de vibrations de l'auréole deviennent, comme ceux des pulsations à l'orifice, d'autant plus grands que la pression est plus considérable, et ils paraissent proportionnels à la vitesse de l'écoulement,

Les différences principales entre l'état des nappes et celui des veines consistent en ce que le son de l'auréole ne paraît nullement influencé par le diamètre de l'orifice et que le son change avec la position du corps solide par rapport à la partie trouble de la veine.

Lorsque la veine tombe, non plus sur un disque circulaire qui lui soit perpendiculaire, mais sur un corps tranchant, par exemple le bord d'un vase ou une lame de couteau, le phénomène restera encore le même au fond ; la forme seule de la nappe sera changée, mais celle-ci sera toujours animée d'un mouvement oscillatoire ; chacune de ses parties, quel qu'en soit le nombre, sera le siége d'un mouvement vibratoire qu'elle pourra communiquer. Rien, en un mot, de ce qui se trouve en dehors du réservoir ne pourra altérer cette constitution particulière de la veine, dont la cause est à l'orifice. Ce mouvement vibratoire qu'elle acquiert, dès son origine, se maintiendra toujours, quelles que soient les modifications qu'elle subisse. Adapte-t-on un tube horizontal à l'appareil d'écoulement, et, au-devant du tube, place-t-on une lame dont le plan contient l'axe du tube, comme le miroir d'un porte-lumière, la veine, en rencontrant cette lame, se partage en deux parties, en deux lames liquides qui oscillent et produisent, par leurs chocs successifs contre l'air, un son très bien déterminé.

Ce mouvement oscillatoire des veines résulte toujours ici de la vitesse périodiquement variable de la veine liquide.

Après avoir étudié l'écoulement dans l'air ou dans le vide, examinons quels phénomènes présente un liquide qui s'écoule dans un milieu de même densité ou de densité différente. Lorsqu'on lance dans le même liquide, et sous une pression plus ou moins forte, une veine fluide, elle ne perd rien de son caractère : le mouvement vibratoire se manifeste comme dans l'air, ce qu'on peut facilement sentir en mettant la main près de l'orifice d'écoulement ; on éprouve alors des pulsations dont il est aisé de compter le nombre. Sous l'influence de vibrations imprimées au réservoir, la veine se raccourcit, mais il n'y a pas et il ne peut y avoir de partie discontinue. Nous voyons donc une nouvelle confirmation de ce fait, que c'est dans le réservoir que se trouve la cause du mouvement oscillatoire, et que l'état vibratoire des veines persiste avec toutes ses particularités, même quand l'écoulement a lieu dans un fluide de même densité. Cela est encore rendu plus évident en faisant écouler un jet d'huile dans un bain d'eau; on aperçoit alors toutes les particularités du phénomène décrit plus haut.

Quand un jet s'échappe dans un liquide de même densité, et qu'il rencontre un corps tranchant, il produit un son très aigu et dont le degré d'acuité dépend : 1° de la vitesse de l'écoulement; 2° de la distance du biseau à l'orifice. Le son est d'autant plus aigu que la vitesse d'écoulement est plus grande, et le biseau plus rapproché de l'orifice. Dans ce cas, il est clair que le mouvement vibratoire des nappes formées par le corps tranchant se communique au liquide, et de là à l'oreille. Si le phénomène se passe dans l'air, le son a moins d'intensité; mais, encore dans ce cas, le mouvement oscillatoire se propage dans l'air, et la preuve, c'est qu'on peut le renforcer par plusieurs moyens, entre autres par une colonne d'air donnant le même son que la colonne ou la nappe liquide. En effet, il était facile de conclure que, les veines oscillant avec une grande énergie, si l'on produisait une nappe de forme quelconque à l'orifice d'un tuyau ou d'une colonne d'air de toute autre forme, celle-ci devrait entrer en vibration par communication et renforcer le son de la veine. On démontre ce fait à l'aide des expériences suivantes : 1° On choisit une grande cloche de 3 décimètres de diamètre et plus; on fixe à son sommet et dans son intérieur une petite tige supppportant un disque circulaire qui arrive presque sur le plan et au centre du bord de la cloche; on fait alors tomber un jet liquide sur ce disque, il se forme une nappe qui couvre la cloche et produit un son très intense en communiquant à l'air son mouvement oscillatoire. 2° On prend une très grande cloche ou un tube d'un grand diamètre, 1 décimètre et plus; on présente son bord au jet liquide, qui le frappe obliquement; le biseau détermine la division de la veine, et il se produit dans l'intérieur du tube ou de la cloche une nappe liquide qui les ferme complétement, et dont on voit parfaitement le mouvement oscillatoire. Les sons qu'on obtient dans ce cas sont très beaux et très purs. L'opercule formé par la nappe intérieure vibre et choque l'air périodiquement. On entend alors un son qui dépend des dimensions du tuyau et de la vitesse du courant liquide.

Les belles recherches de Savart, dont nous venons de donner un extrait, devaient être suivies d'autres travaux destinés à résoudre toutes les questions importantes relatives à l'écoulement des liquides; et, peu de jours avant sa mort, cet illustre savant avait terminé un important mémoire sur les sons produits par les liquides qui s'écoulent par des orifices de différents diamètres. Il est regrettable que ce mémoire n'ait pas encore été publié.

Après l'étude des liquides, Savart devait s'occuper des *fluides élastiques* et compléter ses premiers travaux sur la voix des animaux. Nous ne connaissons de lui, sur ce sujet difficile, que quelques idées émises dans ses leçons au collége de France.

Convaincu que les fluides élastiques obéissent aux mêmes lois que les liquides, et présentent les mêmes phénomènes, Savart (1) avait, pour vérifier cette opinion, tenté diverses expériences que nous allons indiquer,

---

(1) Dans le journal *l'Institut*, n° 333, p. 172.

Lorsqu'un jet de gaz ou de vapeur s'échappe d'un réservoir, il présente dans son écoulement les mêmes phénomènes que la veine liquide. La veine gazeuse est le siége d'un mouvement oscillatoire qui détermine un écoulement dont la vitesse est périodiquement variable : en un mot, nous retrouvons ici toutes les particularités de l'écoulement des liquides. Pour démontrer qu'il en est ainsi, il faut rendre visible la colonne gazeuse : il suffit, pour cela, d'employer des vapeurs épaisses et colorées ou de mettre une poussière fine dans le gaz. C'est ainsi que la fumée qui s'échappe des cheminées présente visiblement ce phénomène de la sortie par bouffée. Mais on peut produire ce phénomène à volonté avec de la poussière de lycopode. On prend une machine de compression dans laquelle on comprime fortement de l'air ; au robinet s'adapte une boîte pleine de poussière de lycopode que le gaz est obligé de traverser ; puis l'appareil est disposé de manière que le mouvement ait lieu de haut en bas. On voit alors, au moment de l'écoulement, la partie continue de la veine, et, de distance en distance, se distinguent des renflements qui sont le siége d'un mouvement vibratoire très prononcé ; on peut même remarquer une section contractée. Il y a donc ici la plus grande analogie avec les veines liquides, en prenant le cas où celles-ci s'écoulent dans un liquide de même nature. Cet état vibratoire des veines s'observe encore très bien dans les flammes, surtout celles des gaz enflammés, et il est facile de mettre en évidence, comme on l'a fait pour les veines liquides, les renflements régulièrement espacés des flammes, analogues à ceux qu'on observe à l'extrémité continue de la veine liquide. Leurs dimensions vont en diminuant à mesure qu'on arrive à l'extrémité, ce qui tient sans doute à ce que chaque partie enflammée brûle dans son trajet et finit par disparaître entièrement à une certaine époque.

Mais, comment expliquer, dans les gaz où il n'y a pas de force attractive comme dans les liquides, cette disposition particulière des veines, cet état de vibration dans la masse, et la formation de ces parties troublés qu'on observe dans le lycopode et mieux encore avec la vapeur d'eau. Il est actuellement impossible de donner une explication satisfaisante de ces phénomènes, qui paraissent dépendre de la disposition des filets fluides produits dans la masse au moment de l'écoulement.

Puisque les gaz s'écoulent comme les liquides, on doit pouvoir obtenir avec eux tous les effets que nous avons pu observer avec ceux-là. L'expérience prouve qu'il en est ainsi : en prenant une membrane tendue et dirigeant sur elle un jet de vapeur qui s'échappe d'une marmite de Papin, où on lui a fait acquérir une forte tension, on entend un son très intense. Il suffit même d'approcher l'oreille d'un pareil jet sortant librement, pour entendre le son qu'il détermine en frappant l'air. En projetant la vapeur obliquement sur le bord d'un gros tuyau, on le met en vibration comme un tuyau d'orgue. Si l'on fait arriver le jet de vapeur contre un disque suffisamment échauffé pour empêcher la condensation de la vapeur, celle-ci forme une nappe absolument semblable à celle que nous avons observée avec les liquides. On place, sur la marmite de Papin, un orifice rectangulaire allongé, vis-à-vis lequel se trouve l'arête d'un prisme carré dont à volonté on fait varier la distance à l'orifice. En projetant le jet de vapeur sur le prisme, il produit un son dont le degré d'acuité dépend, comme pour l'air, de la distance du biseau à l'orifice ; dans ce cas, comme on l'a remarqué pour les liquides, le jet gazeux se partage en deux parties animées d'un mouvement vibratoire. On obtient donc bien réellement, avec la vapeur, les mêmes phénomènes qu'avec l'eau ou l'air.

Depuis la mort de Savart, il n'a été publié aucun travail sur la *mécanique physique des fluides*.

A. Masson a entrepris, depuis quelque temps, la continuation des travaux de Savart, sur l'écoulement des fluides élastiques. En partant des idées précédemment émises par le professeur du collége de France, il est arrivé à des résultats qui paraissent devoir jeter un grand jour sur les propriétés des gaz et le mécanisme de la voix humaine. Voici les résultats de son travail encore inédit :

Soient des disques circulaires, très plans, à face parallèles, au centre desquels se trouvent des orifices circulaires à angles très vifs : ces disques sont placés sur une grande boîte qui reçoit le vent d'une soufflerie, et qui est munie d'un manomètre à eau très sensible, d'une construction particulière, destiné à indiquer la pression du gaz à sa sortie de l'orifice.

Lorsque les plaques ont des épaisseurs de 2 à 3 millimètres, et que les orifices de sortie du gaz ont un diamètre de 1 à 3 millimètres, on entend, lors de l'écoulement de l'air, des sons très purs et dont le degré d'acuité dépend de la vitesse d'écoulement. Si la pression croît d'une manière continue, le son monte progressivement comme dans une sirène, jusqu'à une certaine limite de pression dépendant de la grandeur de l'orifice. Les séries de sons qu'on obtient sont d'autant plus aiguës que les orifices sont plus petits. Les sons obtenus sont beaucoup plus faibles que ceux de la sirène, ce qui dépend évidemment de la faible masse d'air mise en mouvement.

Il est à remarquer en outre que les orifices des plaques, qui peuvent, quand elles sont libres, donner des sons, doivent être réglés d'après la force de la soufflerie, et qu'en réglant convenablement la masse d'air de cet appareil on pourrait avoir une échelle de sons très étendue. Avec une soufflerie ordinaire, employée dans les cabinets de physique, on ne peut obtenir des sons d'une plaque libre ayant une épaisseur de 2 à 3 millimètres, qu'avec des orifices de 4 à 5 millimètres de diamètre. Il est certain qu'avec des appareils plus puissants on aurait des sons plus intenses à l'aide d'orifices d'un plus grand diamètre.

Les sons restent les mêmes si l'on procède par aspiration, c'est-à-dire si l'on élève le soufflet de l'appareil et que l'air extérieur entre dans la boîte par l'orifice.

Le son reste parfaitement constant lorsque la pression elle-même est maintenue invariable, et les nombres de vibrations sont, comme pour les liquides, proportionnels à la vitesse d'écoulement du gaz ou à la racine carrée de la pression.

A. Masson a essayé de déterminer l'influence des diamètres et des épaisseurs des plaques. La difficulté d'obtenir des sons avec des orifices un peu larges ne lui a pas encore permis de vérifier la loi des diamètres trouvée pour les liquides. Cependant, d'après plusieurs expériences, ce physicien est porté à croire que le nombre des vibrations est, sous une même pression, indépendant des diamètres. Les sons produits par les plaques libres sont très faibles pour des orifices d'un petit diamètre de 1 à 3 millimètres, et imperceptibles pour des orifices plus grands. Il y a donc nécessité de les renforcer. Parmi les divers procédés, le plus simple consiste dans l'emploi de tuyaux différant de nature, de longueur et de diamètre.

Lorsque, sur une plaque, on dispose un tuyau cintré sur l'ouverture de cette plaque, le son est considérablement renforcé et le tuyau sonne comme celui d'un orgue, si le son de la plaque est un des harmoniques du tuyau. Il importe de faire remarquer qu'il y a réaction entre les vibrations de ce dernier et celles de l'air sortant de l'orifice de la plaque ; car on peut, dans certaines limites, augmenter la pression de l'air sans changer le son du tuyau : cependant il y a une certaine force élastique pour laquelle le son est le plus renforcé possible. Si l'on détermine les pressions d'air correspondantes aux sons produits dans un tuyau, on trouve que plusieurs notes appartiennent à une même pression et qu'un même son peut être produit par plusieurs pressions. Quelquefois un même tuyau fait entendre plusieurs harmoniques coexistants.

Enfin, en prenant le son de la plaque libre et le son du tuyau vibrant sur cette plaque, on constate que ces deux sons ne sont pas toujours à l'unisson, mais dans des rapports simples. Ainsi, un son aigu de la plaque peut engendrer dans le tuyau des sons graves. Souvent, on entend distinctement le son du tuyau et celui de la plaque : les mêmes phénomènes se renouvellent quand on procède par aspiration. On obtient encore les mêmes résultats si la plaque est placée à l'ouverture supérieure du tuyau, de telle sorte que le tuyau serve de porte-vent. Enfin, pour une plaque donnée, il y a toujours une dimension de tuyau qui ne peut rendre qu'un seul son, même pour des pressions assez étendues. L'intensité du son augmente avec la pression, mais sa hauteur ne change pas véritablement. On comprend que le son du tuyau différant du son de la plaque, il est difficile quelquefois de déduire de ces sons et pour des orifices d'un grand diamètre, les véritables lois relatives au diamètre des orifices et à l'épaisseur des plaques. Il faut pouvoir être assuré que le son de la plaque libre est le même que celui du tuyau qui n'est plus alors qu'un simple appareil de renforcement.

Des expériences précédentes de Savart et de celles de Masson, on peut conclure que *l'air produit, dans son écoulement, les mêmes phénomènes que les liquides, qu'il obéit aux mêmes lois :* l'écoulement des gaz, par des orifices percés dans des plaques, est périodiquement variable, et cette périodicité dans la vitesse d'écoulement détermine, dans l'air extérieur, des vibrations sonores analogues, quoique moins intenses, à celles qu'y produit la sirène.

Tels sont, sur l'écoulement des liquides et des gaz, les résultats établis par ces deux physiciens. Il nous reste à faire connaître les applications de ces résultats à l'étude des *instruments à vent* et à celle de la voix.

1° *Orgues.*

La partie principale des orgues se compose de tuyaux de diverses formes et de nature différente. Les tuyaux simples à biseau, ou *tuyaux à bouche*, sont cylindriques ou rectangulaires, ouverts ou fermés par un bout. Ces derniers se nomment *bourdons ;* à la partie inférieure, et sur le côté, existe une ouverture rectangulaire appelée la *bouche.* La partie des parois située au-dessous de cette ouverture est aplatie et un peu rentrée en dedans : on la nomme *lèvre inférieure.* Elle forme un angle de 22 degrés à peu près avec l'axe du système. La partie opposée, ou *lèvre supérieure*, est située au-dessus de la bouche. Pour faire parler le tuyau, on adapte fixément à son origine un cône creux, le *pied*, qui est ouvert à sa pointe pour recevoir le vent d'une soufflerie, et fermé à sa base par une lame qui laisse seulement, près de la lèvre inférieure, un petit intervalle rectangulaire et parallèle à la lèvre, c'est la *lumière.* Le bord de la lèvre supérieure, placé en regard de cette lumière, est taillé à tranchant vif, et se nomme le *biseau*. Il est très important que le biseau ne soit pas indéfiniment aminci comme le tranchant d'un couteau, et qu'il présente une extrémité ayant une surface sensible et bien plane. L'appareil étant disposé, on souffle de l'air dans le pied du tuyau ; l'air s'échappe par la lumière en formant une lame mince qui vient se briser contre le biseau, et il est partagé par ce dernier en deux nappes, l'une intérieure et l'autre extérieure. Celles-ci exécutent le même nombre de vibrations que l'air à sa sortie de la lumière, et produisent, par conséquent, un son qui, pour la nappe intérieure, est renforcé par le tuyau. Il résulte des expériences de A. Masson que le son produit par l'air s'échappant de la lumière, ou par les battements des nappes contre l'air extérieur ou intérieur du tuyau, peut être différent, mais un des harmoniques des sons rendus par le tuyau. Il est utile de faire observer que, par suite des réactions exercées par les vibrations de l'air dans le tuyau sur celles de l'air sortant de l'orifice, ces deux systèmes se mettent d'accord en vibrant simultanément, quoique isolément leurs sons ne soient pas dans des rapports simples; Seulement il faut qu'ils en diffèrent peu.

Le son, dans les tuyaux d'orgue, est donc bien formé à l'orifice, car on produit des sons bien caractérisés en prenant un biseau libre placé contre la lumière d'une embouchure ordinaire d'orgues ; le tuyau sert seulement à renforcer le son. Dans ce dernier cas, la distance du biseau à l'orifice, la vitesse d'écoulement de l'air, la largeur de la lumière, ont une grande influence sur l'intensité et le degré d'élévation du son. Le son est d'autant plus aigu que le biseau est plus près de l'orifice et que la lumière est plus petite, ou que la vitesse de l'air est plus grande, les autres éléments restant les mêmes.

En variant d'une manière convenable les éléments précédents, on fait rendre à un tuyau divers sons. Il arrive souvent qu'en augmentant la vitesse du courant, on obtient d'un même tuyau une série d'harmoniques. Mais il y a toujours, pour un tuyau donné, une disposition de lumière et de biseau qui, pour des vitesses d'écoulement comprises entre des limites assez étendues, ne feront produire au tuyau qu'un seul son. Tous ces faits trouvent leur explication dans les expériences déjà citées.

Les liquides se comportant absolument comme les gaz, on peut les faire entrer en vibration de la même manière, comme l'a si bien établi Savart. Aussi, afin de déterminer la vitesse du son dans les liquides, Wertheim (1) a-t-il employé des tuyaux d'orgue, à bouche, pleins d'eau, qu'il a mis en vibration de la même manière que les tuyaux ordinaires pleins de gaz.

Causes qui modifient le son dans les tuyaux. — Les lois de D. Bernouilli, que nous avons fait connaître plus haut, ne s'appliquent qu'à des tuyaux très longs relativement à leurs dimensions transversales. Quand celles-ci augmentent et que le tuyau change de forme et de nature, le sons produits par des tuyaux de même longueur, mais de diamètres différents, sont profondément modifiés. Nous supposerons d'abord des tuyaux assez épais pour que leur nature n'ait aucune influence sur le son du gaz qu'ils renferment.

Dans les *tuyaux cylindriques*, les sons fondamentaux, pour des longueurs égales, ont d'autant plus de gravité que le tuyau est plus large.

Savart a reconnu que, dans les *tuyaux prismatiques*, les nombres de vibrations

(1) *Ann. de phys. et de chimie,* 3ᵉ série, t. XXIII, p. 434.

ne dépendaient pas de la dimension parallèle à la lumière, et qu'on pouvait, sans changer le son d'un tuyau, couper ce dernier par des plans perpendiculaires à l'embouchure. Il a, de plus, constaté que, dans les tuyaux prismatiques, les nombres de vibrations étaient réciproquement proportionnels à la surface de la lame d'air perpendiculaire à l'embouchure.

Pour des *tuyaux semblables* et semblablement embouchés, les nombres de vibrations sont réciproques aux dimensions linéaires des tuyaux.

Avec des *tuyaux cubiques* ou *sphériques*, on a des sons très graves sous un très petit volume : ainsi, un tuyau cubique de 54 lignes de côté donne le même son qu'un tuyau prismatique de 2 pieds.

Savart a démontré, en outre, que les tuyaux qui rendent le plus de son ou qui le renforcent le mieux, sont ceux dont le diamètre égale la longueur, lorsque le corps vibrant est un timbre (1).

Wertheim (2), qui a publié récemment des expériences sur les vibrations des colonnes d'air dans les tuyaux à bouche, a donné des formules empiriques pour représenter les influences exercées par les divers éléments sur les sons des tuyaux. Il a surtout étudié le rôle des bouches dans les tuyaux complétement ou partiellement ouverts. Nous nous contenterons de renvoyer le lecteur à cet important travail.

Lorsque les tuyaux n'offrent plus une résistance suffisante, non seulement leurs vibrations influent sur le timbre comme dans des tuyaux épais, mais les sons peuvent baisser par suite de la réaction des vibrations des parois des tuyaux sur celles de l'air. D'après Savart (3), des tuyaux membraneux de papier mince ou de caoutchouc produisent, pour une même longueur, des sons beaucoup plus graves que ceux d'un même tuyau à parois rigides, et le son est d'autant plus grave que ce tuyau est plus mince et à parois plus flexibles. Il nous faudra revenir sur ces faits importants en traitant de la voix.

2° *Anches.*

Un autre moyen de mettre les colonnes d'air en vibration consiste dans l'emploi d'une petite lame placée au bout et quelquefois sur le côté d'un tuyau. On a beaucoup varié la forme et la disposition de cette petite lame ou *anche*. Dans les instruments les plus anciens, par exemple le chin-chinois, l'anche est située latéralement et vibre librement dans une petite rainure de cuivre. Dans les instruments actuels, le tuyau sert de porte-vent ; à la partie supérieure de ce dernier, on enfonce, comme un bouchon, un tube de cuivre plat et muni latéralement d'une fente rectangulaire. Sur cette fente, qu'on nomme la *gouttière*, est placée une lame de métal ou *languette* qui tient l'orifice fermé totalement ou partiellement. Quand la languette vibre dans la fente, l'anche est dite *libre*. Pour régler l'appareil, on prend un fil de cuivre terminé par un appendice qui presse l'anche dont la longueur vibrante est déterminée par la position de cet appendice ou *rasette*. En enfonçant ou retirant la rasette, on diminue ou l'on augmente la longueur de la lame vibrante. À la partie supérieure du tuyau se trouve presque toujours une colonne d'air, de forme et de longueur quelconques, qui vibre à l'unisson de la languette et en

---

(1) *Rec. cit.*, 2ᵉ série, t. XXIV, p. 56 : t. XXIX, p. 404.
(2) *Ann. de phys. et de chimie*, 3ᵉ série, t. XXXI, p. 385.
(3) *Rec. cit.*, 2ᵉ série, t. XXX, p. 79.

renforce le son. Le tuyau inférieur et principal est aussi le siége de vibrations qui s'accordent avec les premières et augmentent leur intensité. Les anches libres rendent un son plus agréable que celles qui frappent sur la gouttière, et qu'on appelle *anches battantes*. Le son dû aux chocs périodiques de ces dernières se joint à celui de l'air et de la lame, et donne au son définitif un timbre particulier nasillard, qui parfois est nécessaire pour détruire la monotonie des sons dus aux anches libres.

Quel que soit le mode qu'on emploie pour faire vibrer une anche libre, le souffle, le choc ou l'archet, elle vibre en suivant les lois des lames. C'est ainsi que les sons obtenus dans les boîtes à musique sont conformes aux lois que nous avons exposées plus haut.

a. — *Anches rigides.* — On a proposé plusieurs explications des sons produits par les anches. Elles doivent être examinées avec détail, parce que, jusqu'à présent, elles ont servi de base à la théorie de la voix.

1° Si l'on prend une anche simple, placée dans l'ouverture rectangulaire d'une plaque solide, et qu'après avoir appliqué cette plaque sur un porte-vent, on souffle sur la lame, celle-ci entre en vibration et produit un son très intense. On pense généralement que le son obtenu est celui que rendrait l'anche si on la faisait vibrer avec un archet. Ainsi employées, les anches servent à la construction des accordéons, des harmonicas à bouche, des harmoniums, etc.

On est autorisé à admettre, contrairement à l'opinion générale, que, pressée par l'air, l'anche abandonne sa position d'équilibre, et s'en écarte jusqu'à ce que la pression atmosphérique soit en équilibre avec la force élastique de la lame vibrante ; mais, la pression de l'air diminuant par l'écoulement, la lame revient sur elle-même et exécute un mouvement vibratoire entretenu par la sortie de ce fluide. Dans ce cas, l'air éprouve un écoulement périodiquement variable, et détermine, sur le fluide extérieur, des chocs périodiques auxquels on doit attribuer le son. Les oscillations de la lame règlent la périodicité de l'écoulement, et le son est formé exactement comme dans la sirène. Le son de l'anche se mêle à celui de l'air, et donne à ce dernier le timbre particulier à l'anche elle-même.

Il est impossible d'admettre que le son perçu soit dû aux vibrations de l'anche et aux chocs de cette lame contre l'air ; car si, par un moyen quelconque autre que l'insufflation, on fait vibrer une anche, on entend un son de lame très faible, mais qui acquiert une grande intensité quand l'anche est placée dans un courant d'air.

On se rappelle, à ce sujet, les expériences de G. Weber et celles de Cagniard-Latour (1) ; ayant adapté des anches à des tuyaux capables de rendre le même son que ces lames, ils ont trouvé, en excitant le mouvement vibratoire des anches avec un archet, que le son est faiblement renforcé par le tuyau ; qu'au contraire, si l'on fait passer un courant d'air sur l'anche en vibration, le son devient très intense.

Nous citerons encore, à ce propos, une expérience remarquable d'Isoard, facteur de pianos. Il a fait construire des pianos droits dont les cordes étaient placées dans des fentes pratiquées sur une table commune ; une soufflerie pouvait projeter sur elles un courant d'air. Lorsqu'on ébranlait les cordes avec les marteaux, on avait les sons ordinaires du piano ; mais si, pendant les vibrations des cordes, on

(1) Dans le journal *l'Institut*, n° 287, p. 219.

faisait agir la soufflerie, on obtenait des sons d'une prodigieuse intensité et d'un grand effet. Il est bien évident ici que ces derniers sons provenaient des chocs successifs imprimés à l'air extérieur par le courant de gaz intérieur. Les sons étaient identiques dans les deux cas. Ainsi la périodicité dans l'écoulement était produite et réglée par les oscillations de la corde.

2° Dans les appareils formés de tuyaux mis en vibration par des anches, le problème est plus complexe. La théorie des anches, adoptée pour ce cas spécial, a été exposée par J. Müller (1) dans les termes suivants :

« La manière dont la languette est mise en vibration ne me paraît pas avoir été jusqu'à présent expliquée d'une manière satisfaisante. Voilà, selon moi, ce qui arrive. Lorsqu'on souffle, la languette est chassée hors de l'ouverture du châssis; en vertu de la loi de l'inertie, elle fuit devant le corps qui la pousse, jusqu'à ce que son élasticité, qui croît proportionnellement à sa flexion, fasse équilibre à sa vitesse. Comme la pression de l'air continue toujours, la languette demeurerait dans cette situation si l'on continuait de souffler; mais, une fois qu'elle a été écartée, la pression est bien moindre que quand elle se trouvait encore engagée dans le châssis, de sorte que son élasticité la force à revenir sur elle-même comme un pendule, et que même, par l'effet soutenu de cette élasticité, elle rétrograderait avec une vitesse accélérée, si la pression continue de l'air ne la retardait un peu. Dès qu'elle est parvenue dans le châssis, la pression de l'air, devenue plus forte, la repousse de nouveau. Si cette pression ne variait pas, elle maintiendrait la languette dans la même situation, celle que comporterait sa résistance. »

La théorie des anches comprend deux parties bien distinctes. Dans la première, on doit donner l'explication du mouvement vibratoire de la languette ; dans la seconde, expliquer l'origine des vibrations sonores. J. Müller (2), dans le passage précédent, a exposé ses idées seulement sur la première partie. Nous trouverons, plus loin, son opinion sur le second point qui est le plus important. Du reste, la théorie de ce physiologiste, sur les vibrations des anches, n'est pas, comme il le croit, une théorie nouvelle : elle se trouve déjà dans plusieurs ouvrages justement estimés (3).

A propos des explications émises plus haut par l'auteur allemand, nous ferons les remarques suivantes :

Les languettes, obéissant au mouvement et à la pression périodiques de l'air, ne peuvent plus exécuter le même nombre de vibrations qu'à l'état de liberté ou dans les conditions signalées précédemment. L'air est le principal agent des mouvements de la languette qui, pour nous servir d'une comparaison propre à rendre notre pensée, est soumise à une action purement mécanique, analogue à celle que produirait une roue dentée. Les vibrations de l'anche ne sont donc point dues à sa seule élasticité; elles *sont déterminées par la sortie périodique de l'air*, et le phénomène rentre dans la classe des phénomènes nombreux qui dépendent des propriétés mécaniques des fluides et de leur écoulement.

Le problème est plus difficile à résoudre et plus compliqué qu'on ne l'avait cru jusqu'ici : toutefois, les faits qui seront rapportés plus loin viendront à l'appui de cette dernière opinion qui n'est pas non plus nouvelle. Ainsi, dans le *Traité de*

(1) *Manuel de physiol.*, trad. de JOURDAN avec additions de LITTRÉ, t. II, p. 137.
(2) *Loc. cit.*
(3) VOY. SAVART, *Leçons d'acoustique* dans le journal *l'Institut*, n° 330, p. 105.

physique de Biot (1), on lit : « Il importe de faire remarquer que ce n'est pas la languette qui, par ses *vibrations propres*, ferme et ouvre tour à tour la rigole ; c'est l'air qui l'y pousse et qui la ramène. Le son dépend de ces chocs et de ces retours plus ou moins rapides. Si le point d'attache est fixe ainsi que la longueur de la languette, l'air aura besoin d'une force d'autant plus grande pour l'amener contre la rigole qu'elle en sera plus éloignée. Ainsi l'augmentation de cet éloignement devra rendre les battements plus rares, et par conséquent, plus grave le son qui en résulte, c'est ce qu'on observe constamment : au contraire, on rendra le son plus aigu, si l'on raccourcit la partie libre de la languette, toutes les autres choses restant les mêmes, parce que son extrémité aura moins de chemin à faire pour s'approcher de la rigole et moins à faire aussi pour s'en éloigner. »

Un élément important dans cette question, et qui paraît avoir été négligé jusqu'à présent, c'est la grandeur de l'orifice qui donne écoulement à l'air.

De tout ceci il résulte que la théorie des anches est encore incomplète.

L'anche, dans les tuyaux, ne vibre pas comme si elle était libre, son mouvement est déterminé par l'écoulement de l'air, et elle est passive.

Le son, dans les instruments à anche, nous paraît dû à ce que le mouvement de l'air qui s'écoule par la gouttière, étant animé de vitesse périodiquement variable, imprime à l'air extérieur des chocs périodiques dont le nombre, déterminant le son, peut varier avec la périodicité de l'écoulement qui dépend de la grandeur de l'orifice, de l'élasticité de la lame, de la pression de l'air, etc. Les vibrations de la languette vibrant librement peuvent bien n'être pas d'accord avec celles du tuyau, d'après les expériences de M. A. Masson, et produisent un son très faible qui modifie quelquefois celui du tuyau et en change le timbre ; mais il ne saurait être le son principal et intense des instruments à anche. Quand l'anche est battante, les battements de la languette contre la gouttière donnent un son qui, s'ajoutant au premier, en produit un autre d'un timbre particulier et nasillard.

« Il résulte, dit Lamé (2), de ces oscillations périodiques de la languette, des chocs successifs de *l'air contre l'air*, et par suite un son comme dans la sirène. »

J. Müller est complétement opposé à la théorie précédente, et, en la combattant, il cite néanmoins plusieurs faits qui lui sont favorables : « Le son d'une languette, dit-il (3), mise en vibration par percussion est faible ; celui d'une languette qui vibre par l'effet du souffle est fort ; mais il y a aussi une différence dans la qualité des sons, dont le timbre ne ressemble pas, dans le premier cas, à ce qu'il est dans le second. On conclut de là que l'air, bien qu'il ne modifie pas l'élévation du son en raison de la largeur diverse de l'ouverture, doit cependant exercer sur lui de l'influence, en ce sens que, dans les conditions au milieu desquelles la languette vibre par l'effet du souffle, il éprouve des chocs réguliers sans former des nœuds. On sait qu'il ne faut pour la production d'un son qu'un certain nombre de chocs qui soient propagés à l'organe auditif, et que les vibrations ne donnent lieu à des sons que parce qu'elles déterminent des chocs de ce genre. D'après la manière dont une languette vibre dans son châssis, il doit, assure-t-on, se produire des chocs semblables à ceux qui ont lieu dans la sirène, le passage de l'air se trouvant arrêté au moment de chaque vibration. De même, dans la sirène, les interruptions du

(1) T. I, p. 438, Paris, 1821.
(2) Ouv. cit., t. II, 94.
(3) Ouv. cit., t. II, p. 138.

courant de l'air, en se succédant avec rapidité, font naître un son. L'élévation de ce son de l'air dépend du nombre des interruptions, et comme celles-ci sont dues aux vibrations de la languette, ce nombre doit être égal à celui des vibrations...... Mais cette théorie des sons produit par les languettes n'est rien moins que démontrée. »

Tel est le sentiment du professeur de Berlin, qui a publié sur les vibrations des anches des expériences nombreuses et une explication de la voix qui repose entièrement sur sa théorie des anches. Ses idées, à ce sujet, étant généralement adoptées, il importera de les examiner avec quelques détails. Plus loin, après avoir fait connaître ses expériences, nous verrons si, détruisant l'opinion que nous soutenons, elles peuvent servir à établir incontestablement la sienne.

Dans les instruments à anche, le tuyau à anche ou tuyau porte-vent, les dimensions de l'anche, et le tuyau supérieur ou additionnel, ont une très grande influence sur le son produit.

Lorsqu'on fait vibrer une anche libre, puis un tuyau, on constate que les sons des deux appareils peuvent être très différents du son produit par le système obtenu en ajustant l'anche sur le tuyau. Ce dernier son est susceptible d'être modifié par la distance de l'anche à la gouttière, par la pression de l'air, par la nature des parois du tuyau qu'on peut rendre en tout ou en partie membraneuses. On suppose, dans ce cas, qu'il y a une réaction entre les vibrations de la languette et celles du tuyau, et que par suite de cette réaction les deux systèmes vibrent à l'unisson. La simultanéité des vibrations de l'anche et de l'air du porte-vent serait une conséquence de ce principe, que, dans les systèmes de corps en vibration, toutes les parties vibrent à l'unisson ; mais dans le cas particulier des anches, cette simultanéité serait nécessitée par l'écoulement de l'air qui règle *seul* le mouvement de la lame. Il pourrait bien arriver, conformément aux expériences de A. Masson, que le son produit à l'orifice de la gouttière par l'écoulement de l'air fût différent de celui du tuyau. Dans tous les cas, il est impossible d'admettre que c'est la vibration de la languette qui règle uniquement le son ; car, sans rien changer à cette lame, mais en forçant le vent, en changeant les dimensions et la nature du porte-vent, en augmentant l'ouverture d'émission de l'air, on parvient à obtenir des séries de sons comprises entre des limites très éloignées, ce qui exclut la possibilité d'une simultanéité de vibrations uniquement déterminée par la réaction des parties vibrantes.

G. Weber a fait beaucoup d'expériences sur les tuyaux à anche ; nous en rappellerons les conséquences qui importent le plus au but que nous nous proposons (1) :

« 1° L'union d'un tuyau avec une anche peut rendre le son de cette dernière plus grave, mais ne saurait le rendre plus aigu.

» 2° Le maximum de cet abaissement ne dépasse point une octave.

» 3° En allongeant le tuyau, le son revient au son fondamental primitif de l'anche, qu'on peut ensuite abaisser de nouveau ; mais seulement jusqu'à un certain degré.

» 4° La longueur du tuyau nécessaire pour obtenir un abaissement donné dépend toujours du rapport entre les nombres des vibrations de la languette et de la colonne d'air, prises chacune à part.

(1) *Manuel de physiol.* de J. MULLER, t. II, p. 139, édit. cit.

» 5° Ainsi le son du tuyau à anche s'abaisse peu à peu à mesure qu'on allonge le tube, jusqu'à ce que la colonne d'air de celui-ci soit devenue assez longue pour donner seule le même son que l'anche donne également seule. En allongeant davantage le tube, le son revient au son fondamental de l'anche. On peut encore, en allongeant le tube, le faire descendre d'une quarte environ, jusqu'à ce que la longueur du tuyau soit double de celle de la colonne d'air qui aurait le même son que l'anche. Là le son repasse de nouveau au son fondamental de l'anche. L'allongement du tube peut abaisser le son d'une tierce jusqu'à ce qu'un moment vienne où il passe au son fondamental de la languette. Pendant la transition, on peut produire deux sons différents, suivant la force avec laquelle on souffle.

» 6° Si le son de l'anche parlant seule est un des harmoniques du tuyau, l'union de l'anche avec le tuyau ne fait pas nécessairement changer le son de la première quand on souffle doucement ; mais lorsqu'on souffle avec force, le son peut être abaissé au-dessous de celui de l'anche, ou d'une octave, ou d'une tierce mineure, ou d'une quarte ou d'autres intervalles correspondants aux nombres 7/8, 9/10, 11/12. »

Les expériences de G. Weber n'ont rien qui ne soit d'accord avec ce que nous avons avancé précédemment sur la production du son par les anches. Elles se résument en quelques mots : soient a la longueur du tube ouvert qui produirait le même son que l'anche seule $(4ai+l)$, la longueur du porte-vent, i étant un nombre entier et l la partie ajoutée au delà d'un multiple de $4a$. Lorsque l varie de o à a, le tuyau à anche donne le même son que l'embouchure seule ; si elle croît de a à $2a$ le son baisse sensiblement de $l = 2a$ à $l = 3a$, le ton de l'anche diffère promptement de celui de la plaque, et la longueur des vibrations croît à peu près comme la longueur du tuyau. Ainsi, dans ce cas, le tuyau vibre et donne un son qui n'est pas exactement celui que donnerait la théorie, à cause de l'influence de l'embouchure dont il faut tenir compte. De $l = 3a$ à $l = 4a$, le ton baisse encore plus rapidement et atteint une limite qui dépend de i. Dans ce décroissement, la durée des vibrations croît exactement comme la longueur du tuyau. Lorsque l surpasse un peu $4a$, le son remonte tout à coup à celui de la plaque, et la même série recommence à l'exception de la limite inférieure du son qui diffère de la précédente. Ainsi, pour $i = o$ et l croissant de a à $4a$, le son s'abaissera et donnera pour $4a$ une octave grave du son de la plaque ; pour $i = 1$, et par conséquent pour un tuyau croissant de $4a$ à $8a$, le son s'abaissera successivement, et à $8a$ il sera d'une quarte plus bas que le son de la plaque. Enfin, pour un tuyau variant de $8a$ à $12a$, le son s'abaissera, et à $12a$ il sera d'une tierce mineure plus bas que le son de la plaque.

Ainsi, on voit que pour $4a$ on aura ut_2 ou $\dfrac{4a}{2}$, c'est-à-dire l'octave aiguë du tuyau ayant pour longueur $4a$; pour $8a$ on aura le son correspondant à $\dfrac{4a}{3}$, c'est-à-dire le sixième harmonique du tuyau, dont la longueur est $8a$, car $\dfrac{4a}{3} = \dfrac{8a}{6}$. Enfin, pour $12a$ on aura le son correspondant à $\dfrac{6a}{5}$, qui est égal au dixième harmonique du tuyau $12a$, c'est-à-dire égal à $\dfrac{12a}{10}$.

Les résultats de G. Weber confirment pleinement tout ce que nous avons dit sur les vibrations des tuyaux et les instruments à anche.

Savart (1), de son côté, a avancé que la colonne d'air du tuyau porte-vent vibre toujours comme un tuyau ouvert, et que le son grave ou aigu qu'on obtient est toujours un harmonique de cette colonne ; qu'il y a, en outre, réaction entre l'air et la languette dont le son s'abaisse à l'unisson de celui de la colonne qui a l'intensité la plus grande.

A. Masson pense que cette dernière proposition de Savart n'est pas démontrée, et que le son de l'anche est, dans beaucoup de cas, différent de celui du tuyau sans cesser d'être un de ses harmoniques.

b. — *Anches membraneuses.* — Dans l'étude des anches membraneuses, nous nous baserons principalement sur les travaux de J. Müller, en rappelant toutefois que Biot avait depuis longtemps employé ces espèces d'anches, et que Cagniard-Latour avait publié sur ce sujet une série non interrompue de mémoires qui se trouvent dans les bulletins de la Société philomatique (2). Malgré les recherches de ces habiles physiciens, J. Müller pense que, jusqu'à ses propres expériences sur les anches membraneuses, on n'était point autorisé à établir un parallèle complet entre ces instruments et l'organe vocal. Les travaux du physiologiste allemand, sur ce point de la science, jouissent d'une si grande considération, que nous regardons comme un devoir de les exposer avec quelque développement, nous réservant de les discuter plus loin et d'en juger les conséquences dans leur application à la théorie de la voix.

Avant d'entrer en matière, qu'il nous soit permis de rappeler avec Savart : 1° que les lames métalliques, fixées par un bout, obéissent dans leurs vibrations aux lois qui déjà ont été exposées à propos des vibrations transversales des verges ; 2° que les bandes flexibles, métalliques ou membraneuses, très minces, vibrent comme les cordes, lorsqu'elles sont fixées à leurs deux extrémités ; 3° que les membranes, tendues et fixées par leurs bords, vibrent d'après les lois citées pour les plaques.

Anches membraneuses simples sans tuyau. — « Les anches simples de cette espèce, dit J. Muller (3), correspondent à la guimbarde et à l'harmonica à bouche simple. Après avoir étendu une plaque de caoutchouc en membrane mince, j'en détache une étroite lanière ayant une ou deux lignes de large, et je tends cette lanière, en travers, sur un anneau de bois ou sur un cadre carré. Étant alors pincée à la manière d'une corde, elle donne un son faible et sourd, mais aussi mauvais que celui qu'une languette métallique produit par percussion. Si, de chaque côté du fil élastique plat, on fixe sur l'anneau une plaque rigide de carton ou de bois, de manière que les deux plaques soient affleurées avec le fil, entre lequel et elles il ne reste qu'une fente étroite, on obtient un harmonica à bouche, dont la languette est de caoutchouc. Cet instrument donne alors, comme l'harmonica à bouche, un son pur, fort et plein. Mais on peut aussi, sans entourer cette languette d'un cadre, et sans que l'air passe sur ses côtés par des fentes, obtenir d'elles des sons pleins, d'une autre manière et en vertu du même principe. J'ai déjà dit, en parlant des languettes métalliques, que celle d'un harmonica à bouche débarrassée de son

(1) Dans le journal *l'Institut*, n° 336, p. 196.
(2) *Même journal*, année 1836 et suiv.
(3) *Manuel de physiol.*, trad. de JOURDAN, édit. cit., t. II, p. 142 et suiv.

châssis, et fixée par l'un de ses bouts, peut, pourvu qu'elle soit très longue, être mise en état de vibration sonore par un courant d'air rapide et délié qu'à l'aide d'un tube très mince on dirige sur l'un des bords latéraux, immédiatement au-dessus de l'extrémité. Cependant on a de la peine à y parvenir avec les languettes métalliques, parce qu'elles sont trop roides. On réussit très bien avec des lanières de caoutchouc dont je viens de parler. Qu'on tende un ruban étroit de gomme élastique sur un cadre de huit lignes à un pouce de diamètre ; qu'ensuite à l'aide d'un tube délié, on souffle sur l'un de ses bords dans une direction perpendiculaire à sa surface, il vibre d'un côté à l'autre, en faisant entendre un son. Ou, ce qui vaut mieux encore, qu'on souffle obliquement de côté sur la surface du ruban, il se produit aussitôt des vibrations de haut en bas, avec un son fort et pur, ayant la même résonnance que celui qu'on obtient lorsque, le ruban étant tendu entre deux jambages solides, on souffle à travers la fente. Ce son naît évidemment de la même manière que dans les languettes métalliques. Quand un courant d'air délié vient frapper le ruban, celui-ci s'éloigne du corps qui le choque ; mais, comme son élasticité croît à mesure qu'il s'étend, un moment arrive où cette élasticité fait équilibre à sa vitesse, et alors le ruban exécute la vibration rétrograde, qui le ramène assez près du courant pour qu'il doive être repoussé de nouveau. Que le courant d'air tombe obliquement sur le milieu du ruban, ou qu'il passe entre le milieu et les points terminaux, le son fondamental de ce ruban doit se produire dans les deux cas : quelquefois, lorsque le courant s'écarte davantage du milieu, il apparaît un autre son que le son fondamental. Mais le son dépend aussi, en quelque sorte, de la force avec laquelle on souffle. Si l'on applique le tranchant d'une spatule sur le milieu du ruban, dans une direction perpendiculaire à sa surface, de manière qu'il repose à la fois sur deux points, et qu'ensuite on souffle sur la moitié du ruban, on obtient l'octave du son fondamental. Une tension plus considérable élève le son, qui n'en demeure pas moins pur et plein. Quant à la force du souffle, elle peut hausser le son fondamental du ruban d'un demi-ton et plus. En général, cependant, ces languettes élastiques par tension changent leurs vibrations absolument de la même manière que les cordes, c'est-à-dire que les nombres des vibrations croissent en raison inverse des longueurs, et probablement par cela même, en raison directe des racines carrées des forces tensives. C'est déjà là une différence importante entre elles et les languettes métalliques, qui se comportent comme les verges, puisque, à égalité d'épaisseur, les nombres de vibrations sont en raison inverse des carrés de leurs longueurs. Les languettes membraneuses ne diffèrent des cordes que parce que le mode d'embouchure modifie un peu le son, quoique la languette continue de vibrer en plein, ou de toute sa longueur, comme une corde. Lorsqu'après avoir tendu sur un tuyau une languette membraneuse embrassée par un cadre, on souffle par le tuyau, un son se produit, soit qu'on pousse l'air, soit qu'on l'attire ; mais, à égalité aussi parfaite que possible d'embouchure, ce son varie dans les deux cas : dans le second, il est la plupart du temps plus grave d'un semi-ton entier. La largeur de la fente, entre les branches et la languette élastique, n'a pas d'influence bien notable sur l'élévation du son ; mais le souffle parle plus facilement lorsque cette fente est plus étroite. La force du souffle peut élever un peu le son, par exemple d'un semi-ton ; celle de l'aspiration de l'air peut également l'élever un peu. Si la languette heurte, en un point quelconque, une inégalité du rebord des branches latérales qui l'embrassent, il se produit là un nœud de vibration, et l'on entend un son beaucoup plus élevé que le son fondamental. »

Tous les faits et toutes les assertions qui précèdent sont loin de s'accorder avec cette idée, que le son est produit uniquement par l'anche. Il est impossible, en effet, d'admettre que le son d'une lame ou d'une corde change avec le moyen mécanique employé pour son ébranlement. On peut admettre, dans certains cas, une réaction entre les différentes parties d'un système ; mais cette réaction ne saurait exister dans des limites aussi étendues que celles qui viennent d'être mentionnées, ni avoir lieu dans le cas simple d'une anche libre et sans tuyau où aucune partie *vibrante* ne peut réagir sur les vibrations de la lame.

Mais poursuivons notre examen critique :

Les languettes métalliques, dont la force élastique est très grande, entrent difficilement en vibration, lorsqu'étant libres, on souffle dessus par un tuyau mince et parallèlement à leur surface ; il est nécessaire, pour avoir un son, de les mettre en vibration par un moyen mécanique. Dans ce cas, nous avons déjà prouvé que le son produit est très faible, et qu'il augmente par l'insufflation.

On a fréquemment cité la guimbarde comme un instrument à anche, capable de produire un très grand nombre de sons sans changer de forme ; et J. Müller revient souvent à cet instrument dont la théorie est mal connue, et qui mérite une étude spéciale. Tout ce qu'on sait, jusqu'à présent, sur la guimbarde consiste en ceci : Placée à l'extrémité d'un tuyau quelconque, elle rend un son à peu près nul quand on ne souffle pas ; mais, lorsqu'on établit un courant d'air dans le tuyau pendant qu'elle vibre, le son augmente tout en restant le même, quelle que soit la grandeur du tuyau. Il faut bien admettre alors que le son est produit par la sortie de l'air, rendue périodique par les vibrations de la languette. Mise dans la bouche, la guimbarde paraît faire entendre plusieurs sons. Jusqu'à présent, on n'a donné aucune théorie satisfaisante de ce phénomène : nous pensons que la guimbarde produit un seul son modifié, dans son timbre et son intensité, par les dimensions de la cavité buccale ; d'où des illusions qui ont conduit à supposer que le nombre des vibrations de cet instrument pouvait varier.

Lorsqu'on tend une lanière membraneuse (papier, caoutchouc, etc.) , et que, parallèlement à la face et contre le bord, on dirige un courant d'air large et mince, la lame entre en vibration et rend des sons assez intenses. C'est le seul cas où une anche libre puisse donner des sons intenses. On n'arrive pas au même résultat en soufflant normalement à la lame ou à son bord. Le phénomène dont il s'agit mériterait d'être étudié spécialement, et J. Müller lui-même ne l'a pas envisagé dans toutes ses particularités. Quand on souffle sur une lame de papier, on reconnaît que le son change avec la distance de la lame à la bouche, que l'ouverture de la bouche et la pression de l'air doivent être changées avec les dimensions et les tensions de la lame. Par conséquent, tout semble prouver que la lame doit vibrer à l'unisson de l'air qui sort par l'orifice ; que cet air se partage, lorsqu'il frappe la lame, en deux parties vibrantes, qui mettent en mouvement l'air extérieur comme les embouchures solides , et que le son produit est seulement renforcé par les vibrations de la lame élastique, agissant, dans ce cas, comme une simple membrane dont les amplitudes de vibrations sont très énergiques. Cette action est analogue à celle des membranes que Savart employait pour mettre en évidence les sons des nappes liquides.

Peut-on dire, avec J. Müller (1) : « Quand un courant d'air délié vient frapper

(1) *Loc. cit.*

le ruban, celui-ci s'éloigne du corps qui le choque ; mais comme son élasticité croît à mesure qu'il s'étend, un moment arrive où cette élasticité fait équilibre à sa vitesse, et alors le ruban exécute la vibration rétrograde qui le ramène assez près du courant pour qu'il doive être repoussé de nouveau. »

D'après cette explication, on devrait admettre que la sortie de l'air est rendue périodique par les oscillations de la lame, et conséquemment que les vibrations de celle-ci sont à la fois cause et effet : car la lame ne peut osciller que quand l'air est arrivé à une tension suffisante, et alors ses vibrations sont un effet de la sortie de l'air ; la lame vient fermer périodiquement l'ouverture, alors elle devient cause. Nous retrouvons ici les mêmes phénomènes que dans les anches ordinaires, et nous n'hésitons pas à maintenir notre première explication.

Voyons les conséquences : On prend un tube aminci, terminé par un orifice rectangulaire de quelques centimètres ; on place devant la fente et parallèlement à l'orifice une mince bande de papier tendue, et l'on souffle ; un son très intense se fait entendre. Comment croire ici que l'air mette, par son écoulement simple, la lame en vibration ? Tout est parfaitement symétrique de chaque côté du plan de la lame, le courant d'air se partage en deux. N'est-il pas évident que, dans ce cas comme dans les tuyaux à bouche, la sortie de l'air est périodiquement variable ; que les deux lames résultant de la présence du biseau oscillent et frappent l'air, et en même temps la membrane dont les oscillations énergiques renforcent le son ? On s'explique alors pourquoi il faut changer la grandeur de l'orifice et la pression de l'air pour une lame donnée. Dans ce cas, le son sera le plus intense possible lorsque les vibrations de l'air seront à l'unisson de celles de la membrane. On conçoit pourquoi le son peut monter, comme l'a reconnu J. Müller, qui, sans s'expliquer à cet égard, se contente de dire que les anches membraneuses diffèrent des cordes parce que le mode d'embouchure modifie le son. On comprend encore pourquoi le son change si l'on écarte la membrane à plusieurs centimètres de l'ouverture. Savart a démontré, en effet, que, dans les nappes liquides, le son était d'autant plus grave qu'on s'écartait davantage de l'orifice.

Ainsi, dans le cas des anches membraneuses, le son est encore *produit* par l'écoulement périodique de l'air, et renforcé quelquefois par les vibrations de la lame.

Anche membraneuse tendue dans une fente rectangulaire. — Les phénomènes et l'explication des sons produits dans ce cas sont les mêmes que pour les anches métalliques.

« Les anches membraneuses, élastiques par tension, dit J. Müller (1), peuvent être réalisées sous des formes plus variées que celles qui ont été indiquées jusqu'ici.

» Je n'ai encore parlé que du cas d'un ruban élastique tendu, à la manière d'une corde, entre deux branches rigides, ce qui fait qu'il existe une fente sur chacun de ses deux bords. Deux autres formes encore sont possibles :

» 1° Une membrane élastique couvre une moitié ou une partie quelconque du bout d'un tuyau très court, et la portion sur laquelle elle ne s'étend point est couverte par une plaque rigide, laissant une fente entre elle et la membrane.

» 2° Deux membranes élastiques sont tendues de telle manière, sur le bout d'un tuyau très court, que chacune couvre une partie de l'ouverture, et qu'elles laissent entre elles une fente.

(1) *Ouv. cit.*, t. II, p. 144.

» Lorsque la fente est bornée, d'un côté, par la membrane élastique, et d'un autre côté par une plaque rigide, à bord tranchant, par exemple de carton ou de bois, le résultat est le même que dans le cas d'une languette libre des deux côtés. Le son qu'on détermine en soufflant à travers le tuyau est d'un demi-ton à un ton entier plus élevé que celui qu'on produit en poussant un courant d'air délié sur la membrane elle-même et le dirigeant vers son bord. Dans tous les cas, on peut, en soufflant avec plus de force, élever de deux semi-tons, mais pas davantage, le son produit par le souffle. Celui qui a lieu quand on aspire l'air est plus aigu; il n'est plus grave que quand la plaque rigide se trouve placée un peu en dedans, et que son bord est situé derrière la membrane. Si l'on emploie un tuyau rond, la membrane n'est tendue, comme dans le cas d'un tuyau quadrilatère, que suivant une direction parallèle à la fente : or, on sait que les membranes tendues dans un sens vibrent d'après les mêmes lois que les corps filiformes élastiques par tension. Les expériences dont je parle ici en fournissent aussi la preuve; car, lorsqu'on tend une membrane de caoutchouc sur un châssis carré, de manière qu'elle ne soit tendue que dans une seule direction, l'un des bords étant libre et le bord opposé reposant sur le châssis, la lame entière donne le son fondamental si l'on souffle avec force sur le bord au moyen d'un petit tube très fin, tandis que, si l'on place un fil sur elle en travers, on peut, à l'aide du souffle, faire rendre l'octave à chacune de ses deux moitiés.

» Comme les membranes tendues dans un seule direction changent leurs vibrations d'après les mêmes lois que les corps filiformes élastiques par tension, il résulte de là qu'à égalité de tension, et l'embouchure restant la même, l'élévation du son augmente en raison inverse de la longueur de la membrane ou de la fente comprise entre la lame élastique et la plaque rigide.

» Je ne me suis point aperçu que la largeur de la fente influât sur l'élévation du son, comme il arrive avec les languettes métalliques; mais le souffle ne parle plus dès que la fente est trop large.

» La situation du châssis, par rapport à la languette, est une circonstance importante. Lorsque le bord de la plaque de laiton est situé précisément en face de la languette membraneuse, le son peut être plus élevé de l'intervalle *ut-fa*, ou moins que quand la plaque solide est un peu plus avancée que la lame élastique.

» Le cas le plus intéressant est celui dans lequel deux membranes élastiques limitent la fente, de manière à imiter une glotte; ces membranes peuvent être également ou inégalement tendues.

» Les membranes de caoutchouc tendues faisant entendre un son lorsqu'on dirige un courant d'air sur leurs bords, cette particularité nous fournit le moyen d'amener au même degré de tension deux membranes de gomme élastique d'égale longueur, en changeant leur tension jusqu'à ce qu'elles rendent le même son quand on souffle sur leur bord avec un tube délié. Pour que l'une d'elles résonne sans l'autre, on abaisse un peu celle qu'on ne veut pas faire parler, on la couvre d'une lame mince de carton. Une fois qu'elles sont tendues bien également l'une à côté de l'autre sur un châssis carré, on examine quel est le son qu'elles produisent ensemble. Je l'ai trouvé plus grave que le son fondamental donné par chaque lamelle isolée au moyen d'un courant d'air dirigé sur elle avec un petit tube. Chacune d'elles donnant le *la*, leur son commun était *sol* ♯; leur son propre étant *ut*, elles faisaient entendre ensemble *si* ; étant accordées chacune en *si*, elles donnaient ensemble *la* ♯. Quand elles ne rendent pas toutes deux le même son, à cause d'une inégalité dans leur tension, il paraît souvent ne point s'établir d'accommodation semblable à celle qui a lieu entre les vibrations de la languette métallique et de l'air du tuyau. On parvient rarement à obtenir les sons des deux lamelles avec le souffle. Le son que l'on entend en soufflant est ordinairement unique, comme si la lamelle plus tendue ou celle qui l'est moins ne résonnait pas, ou comme on l'entend lorsqu'on empêche l'une des deux lames de vibrer en appliquant dessus une plaque de carton. Il arrive fréquemment que la lamelle qui parle avec peine, parce qu'elle est accordée trop bas, ne vibre que faiblement, et qu'elle est poussée un peu en avant.

» Les expériences suivantes expliquent la résonnance d'un seul côté. Par exemple, les deux lamelles étaient accordées de manière à donner deux sons différents d'une octave. Si l'on soufflait sur l'une par le tuyau sur lequel elle était tendue, pendant qu'on tenait une plaque solide appliquée sur l'autre côté de la fente, elle donnait *ré*. Lorsqu'on enlevait la plaque solide, de manière que les deux lamelles, entre les tensions desquelles il y avait une octave de différence, limitassent la fente, le son était également *ré*, comme dans le cas où l'on retenait une des lamelles, et, en soufflant avec force, on pouvait le faire monter jusqu'à *ré* ♯, *mi*, *fa*. Quand le son produit immédiatement sans tuyau, par un courant d'air délié, était *mi* pour la lamelle la moins tendue, et *si* pour l'autre, de manière que la différence entre elles fût d'une quinte, le son que l'on obtenait par le tuyau, après avoir posé une plaque de carton sur la plus étendue, était *sol*. En retirant la plaque, de manière que les deux lamelles limitassent la fente, le son fondamental obtenu par le tuyau était également *sol*. Si l'une des lamelles donnait *ut*, et l'autre tendue *ré* ♯, j'obtenais, en soufflant doucement dans le tuyau, *ut*, c'est-à-dire le son fondamental de la lamelle la plus grave. Dans ce dernier cas, la lamelle donnant le son le plus aigu se comportait d'une manière passive, et n'influait pas sur les vibrations de celle qui donnait le son le plus grave. Mais il paraît que les vibrations agissent réellement quelquefois les unes sur les autres. Cagniard-Latour a déjà obtenu ce résultat dans une expérience analogue, c'est-à-dire qu'il a vu s'accommoder ensemble des vibrations des deux lamelles différemment accordées, et que, par exemple, quand la différence entre celles-ci était d'une quinte, le son produit en commun offrait la moyenne, ou la tierce. Je ne puis mettre en doute ce résultat ; mais je dois appeler l'attention sur une source d'erreur dans ces sortes d'expériences. On croit souvent apercevoir une accommodation là où il n'y en a point, à proprement parler. Ainsi, dans une expérience que j'ai faite, la différence entre les deux lamelles était d'une octave ; l'instrument donnait le *si*, et la lamelle la plus tendue faisait entendre le *fa* au-dessus ; il semblait qu'une accommodation eût lieu dans ce cas, et que la lamelle donnant *fa* produisît le *si* avec celle qui était plus grave qu'elle d'une octave. Mais l'accommodation n'était qu'apparente ; car, lorsque je repoussais la lamelle la plus grave, et plaçais une lame de carton contre l'autre, de manière que les deux bords ne fussent plus en face l'un de l'autre, mais que la lame solide fît une légère saillie au-dessus de la lamelle élastique, celle-ci, en parlant seule, donnait non plus *fa*, mais *si*, comme elle aurait fait si la fente eût été limitée par deux lamelles. La lame solide avait ici la même situation absolument que la lamelle la plus grave prend, tandis qu'on souffle, lorsqu'elle limite inégalement la fente ; en effet, le souffle la chasse un peu en avant, et elle ne vibre que faiblement.

» La règle est celle-ci : La lamelle qui résonne est celle qui peut le plus facilement être mise en vibration par le souffle, et, si l'embouchure est appropriée au mouvement des deux lamelles, elles peuvent vibrer toutes deux, et s'accommoder en-

semble pour produire un son simple ; mais elles peuvent aussi donner des sons différents, c'est-à-dire que l'embouchure peut, lorsqu'elle change, produire les deux
sons l'un après l'autre.

» Les languettes métalliques de l'harmonica à bouche ne s'accommodent point
lorsqu'on les fait parler ensemble par le même porte-vent de la bouche.

» Les membranes élastiques peuvent, du reste, être placées aussi les unes sur les
autres par leurs bords. Dans ce cas également, on obtient des sons purs en soufflant.

» On peut modifier beaucoup les sons en posant le doigt sur différents points de
la lamelle vibrante. Ces expériences ont été faites avec des membranes de caoutchouc qui étaient tendues sur l'extrémité d'un cylindre. Quand je posais le doigt
sur le pourtour extérieur d'une des lamelles, le son s'élevait un peu, et, à mesure
que je rapprochais le doigt de la fente, l'acuité des sons produits par le souffle
augmentait.

» Les anches membraneuses diffèrent des anches métalliques quant au changement que le son subit lorsqu'on souffle avec plus de force. Un corps qui exécute
des vibrations longitudinales, comme une colonne d'air, rend un son un peu plus
aigu comme on donne plus de force au souffle ; un corps qui exécute des vibrations
transversales donne des sons un peu plus graves lorsque ses excursions sont
grandes, comme il arrive aux cordes et aux languettes métalliques. De là vient
que le son d'une anche métallique est un peu plus grave quand on souffle plus
fort (ce qui tient peut-être à ce que la base de la languette métallique ne vibre
point quand le souffle est faible). Mais les lamelles membraneuses ne se comportent
point, à cet égard, de la même manière que d'autres corps qui vibrent en travers,
comme les cordes. En effet, toutes les fois qu'on souffle avec plus de force, le son
devient plus aigu. Cependant il me semble aussi que le son d'un harmonica à bouche
à languette métallique mince s'élève un peu quand on chasse l'air avec force, et le
son de l'anche très délicate d'une trompette d'enfant parcourt, lorsqu'on accroît graduellement la force du souffle, l'étendue entière d'une octave et demie sans intervalles, soit qu'on ne souffle que dans la pièce qui la renferme, soit qu'on souffle
dans le tuyau entier. »

Dans toutes ces expériences, pour nous le son est dû à la sortie périodique de
l'air par la fente. La nature de la substance qui constitue cette fente n'a qu'une
légère influence sur le son quand les circonstances sont les mêmes ; comme s'en
est assuré A. Masson, qui a formé des appareils sifflants au moyen de tuyaux de
gomme élastique dont l'une des ouvertures était limitée par un simple bourrelet de
la même substance.

Les expériences qui viennent d'être relatées confirment les expériences et la
théorie du physicien français. Il serait, en effet, impossible d'expliquer autrement
la constance des sons obtenus quand on remplace une des lames membraneuses
par une lame solide ; ou, lorsque les anches membraneuses libres donnent des
sons très différents, on ne concevrait pas pourquoi les sons obtenus ne dépendent
pas du son de l'anche et changent avec l'ouverture et la vitesse du courant d'air.

Nous répéterons que, si l'anche était la cause du son, quel que soit le moyen
employé pour la mettre en vibration, elle devrait toujours donner le même son, ce
qui n'a pas lieu.

Anches membraneuses avec tuyau. — J. Müller a publié beaucoup d'expériences sur les sons produits par des tuyaux munis d'anches membraneuses, expériences dont les résultats sont parfaitement d'accord avec la théorie des anches exposée plus haut et avec les notions simples qu'on possède sur les tuyaux. Nous avons dit que la longueur de la première onde, voisine de l'embouchure, ne s'accorde jamais avec la théorie: elle dépend du mode d'embouchure, de la largeur du tuyau et de la hauteur de l'harmonique, par conséquent de la pression de l'air. Mais il n'en est pas de même des longueurs des autres ondes. Si donc, dans les expériences de J. Müller, on calcule, comme dans celles de G. Weber, les longueurs d'onde de ces harmoniques, on les trouve d'accord avec les sons obtenus. Dans toutes ces expériences, il aurait fallu donner exactement les nombres de vibrations et principalement la distance des nœuds dans les harmoniques. Aussi toutes ces recherches ne peuvent-elles rien nous apprendre sur l'origine des sons dans les anches : leurs vibrations s'accommodent toujours à celles du tuyau dont elles ne peuvent en rien modifier le son.

On doit à J. Müller (1) une série de recherches sur les sons produits par des anches membraneuses munies de porte-vent dont il a varié la longueur. Dans tous ces cas, l'anche peut être considérée comme donnant naissance aux vibrations du tuyau porte-vent par la sortie périodique de l'air. Les lois établies par cet observateur sont conformes à ce qui a été vu par A. Masson, quand il plaçait la plaque au-dessus du tuyau. Si, en effet, on calcule la longueur d'un onde produisant un harmonique, on trouve qu'elle s'accorde avec la théorie ; Ex. : La_3 est donné par un porte-vent de 9 pouces 10 lignes et un autre de 24 pouces 6 lignes, la distance des nœuds est de 14 pouces 8 lignes ; or la théorie donne 14 pouces 4 lignes. *Sol* #$_3$ est donné par des tubes de 13 pouces et de 27 pouces 6 lignes, la distance des nœuds est de 14 pouces 6 lignes ; la théorie donne 15 pouces 4 lignes, et dans le second tableau on a :

Porte-vent sans corps de tuyau. — *Ré*$_4$ est donné par des tuyaux de 4 pouces 9 lignes et de 15 pouces 3 lignes ; distance des nœuds 10 pouces 8 lignes, qui est exactement le son théorique.

Corps du tuyau sans porte-vent. — *Ré*$_4$ est donné par des tuyaux de 3 pouces 9 lignes et de 15 pouces ; la distance des nœuds est égale à 11 pouces 3 lignes au lieu de 10 pouces 8 lignes.

Ut$_4$ est donné par des tuyaux de 17 pouces 6 lignes et de 5 pouces 6 lignes ; la distance des nœuds est égale à 12 pouces qui est le son théorique.

Ces calculs, que nous croyons exacts, supposent que J. Müller avait accordé son piano avec un *ut*$_3$ de 512 vibrations.

Tous ces faits, qui paraissent très compliqués au premier abord, s'expliquent facilement si l'on adopte l'opinion que nous soutenons sur l'origine des sons produits par les anches.

A. Masson a fait quelques essais sur les sons dus à une plaque placée entre deux tuyaux. D'après lui, les deux tuyaux produisant seuls des sons différents avec la plaque, on entend, quand ils sont superposés, ou les harmoniques du tuyau inférieur, ou ceux du tuyau supérieur ; quand les deux tuyaux sont parfaitement d'accord pour un son, ce dernier est très renforcé et on l'obtient seul : les deux tuyaux paraissent vibrer à l'unisson. Ces expériences, tout incomplètes qu'elles sont, don-

_____

(1) *Ouv. cit.*, t. II, p. 158 et suiv.

nent néanmoins l'explication de celles de J. Müller. Espérons que A. Masson parviendra à résoudre complétement le problème difficile indiqué par cet auteur.

Conclusions sur la théorie des sons produits par les anches. — Pour compléter l'exposé de la théorie du physiologiste allemand sur les sons des anches, nous croyons devoir mettre sous les yeux du lecteur les conclusions suivantes, telles qu'elles ont été formulées par l'auteur lui-même :

« Ayant appris à connaître, dans ces derniers temps, des sons qui sont produits par le simple choc de liquides, comme ceux de la sirène. ou par les chocs d'un corps solide se succédant avec rapidité, comme ceux qui résultent des secousses données par les dents d'une roue, on a été tenté d'admettre que les sons des anches dépendent aussi des chocs de l'air qu'à chaque vibration elles empêchent de sortir de leur châssis. Le défaut d'éclat des sons que les anches donnent par percussion ou par pincement, sans souffle, semble justifier cette théorie. Cependant elle n'est pas prouvée, et plusieurs arguments s'élèvent contre elle d'une manière formelle. La discussion de ce point est d'une grande importance pour la théorie de la voix humaine : en effet, il s'agit ici surtout de savoir qui résonne primitivement, dans la voix, des ligaments de la glotte ou de l'air.

» G. Weber, aux recherches classiques duquel nous devons une connaissance certaine des effets qui ont lieu dans les tuyaux d'anche, se prononce positivement en faveur de l'hypothèse dont je viens de parler. Voici comment il s'exprime : « Le son plein et fort que rend une plaque métallique qui vibre isolément dans son châssis, lorsqu'on souffle dessus, ne peut être produit par la plaque vibrante ; car alors il ne serait pas nécessaire d'exciter le son de celle-ci par un courant d'air, et elle donnerait un son absolument pareil, quant à l'élévation et à la plénitude, lorsqu'elle viendrait à être mise d'une manière quelconque en vibration, sans subir aucun changement dans sa situation et ses rapports, ce qui n'est pas. » En effet, Weber a excité, au moyen d'un archet de violon, les plus violentes vibrations dans la plaque pendant qu'elle demeurait unie avec les autres parties de l'instrument, sans parvenir à lui faire rendre un son plein et fort, susceptible d'être comparé ; cependant je trouve que le son d'une guimbarde qu'on tient à la bouche est le même par l'effet de la percussion et quand on aspire l'air. Cette preuve ne me paraît pas décisive, et néanmoins il me semble que, dans les anches membraneuses, l'interruption du courant d'air ou les chocs n'exercent qu'une influence subordonnée sur la production du son, qu'ils contribuent seulement à le rendre plus fort et plus plein, mais que leur effet n'est pas de lui donner naissance. Les motifs suivants me font regarder comme invraisemblable la théorie qui attribue les sons des anches membraneuses aux pulsations de l'air :

» 1° Il n'y a aucune raison d'admettre que les sons des anches simples proviennent des interruptions du courant d'air, puisque les sons que les anches ellesmêmes doivent donner quand elles vibrent suffisent pour l'explication. A la vérité, les sons que les anches membraneuses produisent par percussion sont dépourvus d'éclat, et n'ont pas non plus le même timbre que les sons d'anche. Mais la première différence s'explique sans peine ; car un choc qui ne se répète pas plus d'une fois ne suffit point pour entretenir les vibrations. Quant à celle du timbre, on ne peut la mettre en doute ; cependant il y a d'autres instruments encore qui donnent des sons d'un timbre divers lorsqu'on les fait parler soit par une seule percussion, soit par une succession de chocs : c'est ce qui arrive, entre autres, à une corde lorsqu'on la pince ou qu'on fait passer dessus un archet de violon. La même chose a lieu pour les sons d'anche, suivant que l'impulsion est momentanée ou soutenue. A la vérité, il y a des membranes, comme les lèvres et le sphincter de l'anus, qui ne résonnent point par la percussion, et qui donnent des sons d'anche très forts par le souffle ; mais il ne s'agit jamais, quant à ce qui regarde la manifestation d'un son, que du nombre de vibrations nécessaire pour le produire : or, l'expérience autorise seulement à conclure que, dans ces sortes de membranes, une succession régulière de vibrations n'est possible qu'autant qu'un certain état de tension persiste pendant qu'elles reçoivent le choc de l'air, et cette condition n'existe pas lorsqu'il s'agit d'une simple percussion.

» 2° Les sons que j'ai produits en soufflant avec un tube délié sur des languettes métalliques, et mieux encore sur des languettes membraneuses sans châssis, ne sauraient être expliqués par les seules interruptions du courant d'air ; ils ressemblent parfaitement, pour le timbre, à ceux que ces languettes rendent lorsqu'elles vibrent dans un cadre et agissent comme de véritables anches. A la vérité, on pourrait dire que les vibrations rétrogrades de la languette gênent aussi jusqu'à un certain point le filet d'air sortant du tube; mais il serait difficile de voir là une interruption réelle, puisque le courant d'air change de direction à mesure que la languette recule. Le filet d'air, qui exerce une action soutenue, est bien plutôt comparable, en ceci, à l'archet de violon frottant une corde.

» 3° Il n'est pas non plus nécessaire, du moins pour les languettes membraneuses, que le châssis se ferme périodiquement pendant les vibrations de la languette. Alors même que la fente présente une largeur constante d'une ligne, les languettes membraneuses donnent souvent encore des sons clairs, et ces sons ne diffèrent pas, pour le timbre, de ceux que les mêmes languettes font entendre quand la fente est très étroite.

» 4° Si la théorie qui attribue les sons d'anche aux interruptions du courant d'air était exacte, les sons devraient croître en raison directe du nombre des interruptions, ce qui n'est nullement démontré. Il y a une position de la languette par rapport au châssis, dans laquelle elle détermine une fois autant d'interruptions du courant d'air qu'elle-même fait de vibrations : c'est celle dans laquelle elle bat à travers l'ouverture du châssis ; car, en le traversant, puis en revenant sur elle-même, elle interrompt deux fois le courant d'air ; le nombre des interruptions est au moins double de celui qui a lieu quand la languette ne fait que frapper juste dans l'ouverture du châssis et revient aussitôt sur elle-même. Le son d'une languette qui traverse son châssis devrait donc, toutes choses égales d'ailleurs, être plus aigu d'une octave que celui de la même languette exécutant des battements simples : or, cela n'a pas lieu. A la vérité, on pourrait objecter que, dans le premier cas, elle décrit des arcs entiers de vibration, tandis que dans le second elle ne décrit que des demi-arcs, étant retenue soit par le châssis lui-même, soit par le courant d'air, de manière que, dans la seconde circonstance, elle vibre avec une fois plus de vitesse que dans la première, et qu'ainsi les interruptions du courant d'air sont égales de part et d'autre. Mais, en examinant la manière dont se comportent les languettes membraneuses, on rencontre encore des difficultés. Si j'applique une lame de carton ou de bois sur une languette membraneuse tendue à l'extrémité d'un porte-vent, le son demeure le même, que la plaque soit directement en face de la languette, c'est-à-dire sur le même plan, ou qu'elle s'enfonce de dehors en dedans du côté du porte-vent ; dans les deux cas, la languette décrit également des arcs entiers. Mais, si j'applique la lame de manière que son bord dépasse le plan de la languette, le son produit en soufflant dans le porte-vent est beaucoup plus grave ; il l'est souvent de l'intervalle compris entre *ut* et *fa*. Que la lame fasse saillie en avant ou en arrière de la languette, les arcs de vibration demeureront les mêmes, et cependant les sons seront différents. Mais la différence tient à la manière diverse dont l'air est poussé dans les deux cas, et à la résistance diverse que le courant continu de cet air oppose, dans les deux cas, aux vibrations récurrentes de la languette.

» D'après ces motifs, il est vraisemblable que les languettes résonnent, non point par des interruptions du courant d'air, mais par leurs propres vibrations, et que les chocs donnés à l'air ne font que renforcer jusqu'à un certain point le son. A cet égard, les languettes métalliques se comportent, en général, comme les verges, les languettes membraneuses comme les cordes et les peaux tendues, et le son se produit d'autant plus facilement qu'un pareil corps possède encore plus d'élasticité malgré son peu de longueur. En étudiant les vibrations des corps élastiques tendus, on s'est trop attaché à une espèce de ces corps, aux cordes à boyau et autres analogues. Il est bien vrai que les cordes qu'on raccourcit beaucoup, en même temps qu'on diminue leur tension, perdent presque toute aptitude à produire des vibrations sonores ; mais si, après leur détente, elles conservaient encore de l'élasticité, quelque courtes quelles fussent, elles n'en seraient pas moins capables de donner des sons graves. Or, il y a d'autres corps qui, bien qu'étant très détendus, conservent assez d'élasticité pour pouvoir vibrer régulièrement : tels sont le caoutchouc à l'état sec, et les tissus animaux (tunique artérielle) à l'état humide : aussi des pièces très courtes de ce corps produisent-elles des sons graves quand elles sont peu tendues et des sons aigus quand elles éprouvent une tension plus forte, et cela aussi bien par la percussion que par le souffle. Leurs vibrations changent, à tension égale, d'après la même loi exactement que celles des cordes, c'est-à-dire qu'elles croissent en raison inverse de la longueur, comme je l'ai fait voir précédemment.

» Quelque exact que soit ce parallèle, cependant un corps élastique par tension qui vibre comme anche, diffère d'une corde à plusieurs points de vue essentiels. La différence ne consiste pas en ce que la corde, après avoir été percutée, demeure abandonnée à elle-même, tandis que l'anche éprouve, de la part du courant d'air, des chocs continuels, tantôt plus et tantôt moins forts, puisque la percussion de la corde se renouvelle continuellement à l'aide de l'archet. Ce qu'il y a de particulier dans une anche, c'est que le degré d'intensité du choc soutenu influe sur la durée de ses vibrations, et change beaucoup le son fondamental qu'elle donne par percussion. J'ai fait voir précédemment que pour une languette de caoutchouc qu'on fait parler sans châssis, au moyen d'un tube délié, le son fondamental s'élève d'un semiton et plus, lorsque le souffle devient plus fort ; mais une corde qu'on ne percute qu'une seule fois rend un son un peu plus grave quand le choc est fort que lorsqu'il est faible. Ce dernier effet s'explique en partie par le changement qu'une forte tension communique à la corde, qui devient plus longue, et qui ne revient pas tout de suite à son précédent état ; peut-être aussi dépend-il en partie d'une sorte de torsion des molécules de la corde qui reposent sur le chevalet. Mais cette explication ne saurait s'appliquer à l'élévation du son d'une anche, car le résultat est précisément inverse de ce qui a lieu dans une corde. Lorsqu'une languette membraneuse vibre dans un châssis, la force du souffle élève le son, comme je l'ai fait voir, de plusieurs semi-tons, et, ainsi que je l'ai montré aussi, le son d'une membrane animale élastique humide qui peut être élevé par semi-tons d'une demi-quinte entière en soufflant avec force. Cette élévation n'est pas la suite d'une formation de nœuds de vibration, comme dans une colonne d'air vibrante ; car elle a lieu d'une manière successive en passant par les intervalles des semi-tons et, lorsqu'on accroît successivement la force du souffle, par tous les intervalles des semi-tons d'une manière criarde : elle ne dépend donc pas de la languette immédiatement , mais du corps choquant, de l'air. Probablement l'élévation résulte de ce que , quand on souffle avec plus de force , l'air , qui agit sans interruption , communique à la languette un mouvement plus accéléré , jusqu'à ce qu'elle sorte du courant , tandis qu'au retour il la repousse plus tôt que ne le ferait un souffle moins fort , de sorte que la languette ne fait pas d'excursions rétrogrades pleines , étant chassée de nouveau avant de les avoir accomplies.

» Les languettes métalliques semblent bien se comporter à l'inverse des languettes membraneuses, puisqu'elles donnent un son plus élevé quand on souffle doucement que lorsqu'on souffle fort. Cependant ce phénomène paraît tenir uniquement à ce que, quand le souffle est faible, la languette n'entre point en vibration dans toute sa longueur, jusqu'à son attache. En effet, lorsque je souffle très fort dans un harmonica à bouche, le son finit par s'élever d'une manière très sensible, de sorte que, à cet égard aussi, il y a concordance entre les deux sortes de languettes.

» Il appartient donc à la nature des anches que, bien qu'elles se comportent, en général, comme les verges et les cordes , elles changent cependant leurs sons en proportion de l'action du corps qui les fait parler, de l'air. D'après cela, il faut les regarder comme une classe particulière d'instruments, à l'égard desquels les propriétés des corps élastiques, tant solides que liquides, doivent être prises simultanément en considération. »

De tout ce qui précède, il résulte que, d'après J. Müller, les languettes résonnent, non par l'interruption du courant d'air, mais par leurs propres vibrations, et que les chocs imprimés à l'air ne font, jusqu'à un certain point, que renforcer le son. Ainsi, dans les instruments à anche, l'origine des sons devrait être attribuée à la languette qui vibre à la manière des lames ou des cordes ébranlées mécaniquement par le courant d'air, les tuyaux n'étant que des appareils de renforcement.

Nous n'avons rien trouvé dans les expériences de cet auteur et des autres physiciens qui légitimât l'adoption de cette théorie, et conséquemment le rejet de celle qui était admise jusqu'à présent par G. Weber lui-même.

Les raisons et les objections invoquées par le professeur de Berlin, pour repousser cette dernière, ne nous paraissent pas concluantes. En effet, page 163, *ouv. cit.*, nous lisons : « Il n'y a aucune raison d'admettre que les sons des anches simples proviennent des interruptions du courant d'air, puisque les sons, que les anches elles-mêmes *doivent* donner quand elles vibrent, suffisent pour l'explication des premiers. » En admettant que les anches produisent des sons assez intenses par leurs vibrations propres, il ne s'ensuit pas que, dans ce cas, le son soit plutôt une cause qu'un effet secondaire. Mais les anches ne produisent presque pas de son, et c'est J. Müller lui-même qui le dit : « A la vérité, les sons que les anches membraneuses produisent par percussion sont dépourvus d'éclat et n'ont pas non plus le même timbre que les sons d'anche. »

Quant aux autres objections et observations du même auteur, elles ont déjà été discutées précédemment ; nous ajouterons seulement, commé étant opposées à sa manière de voir, les remarques suivantes :

1° Quel que soit le mode mécanique qu'on emploie pour faire vibrer des anches, si elles sont métalliques elles ne donnent jamais qu'un son très faible ; quand elles sont membraneuses, parfois elles n'en produisent aucun.

2° Comment comprendre les profondes altérations apportées dans le son des anches par les éléments déjà cités, tels que la largeur des orifices et des tuyaux, la force du courant d'air, etc. ?

En admettant, au contraire, que les sons des anches sont toujours dus à des pulsations produites à l'orifice sur l'air extérieur par l'écoulement du gaz, nous faisons de profonds changements à la théorie ancienne, citée et attaquée par le physiologiste allemand. Nous avons montré, en effet, que dans cette théorie où les vibrations de l'anche règlent seules la périodicité de l'écoulement, il était impossible d'expliquer les changements qui surviennent dans les sons d'anche par diverses causes, en invoquant la réaction de l'anche et des colonnes d'air des tuyaux. Nous avons établi, à l'aide de plusieurs faits, que ces changements pouvaient s'observer dans des anches libres. Aussi des expériences de F. Savart et de A. Masson nous concluons, contrairement à la théorie précédente, que :

1° Dans tous les *instruments à vent* le son est originairement produit à l'embouchure par l'écoulement périodiquement variable du fluide, qui devient le siége d'un mouvement vibratoire communiqué soit à l'air du tuyau, soit à l'air extérieur ; de telle sorte que les sons produits sont comparables, quant à leur cause et à leur nature, à ceux qu'on obtient au moyen de la sirène ;

2° Dans les tuyaux à anche, les vibrations des languettes sont consécutives aux sons de l'air, elles s'ajoutent à ceux-ci et en modifient le timbre et l'intensité.

3° *Clef forée, flûte de pan.* — Dans ces appareils, le son est engendré de la même manière que dans les tuyaux d'orgue à biseau.

4° *Flûte.* — Cet instrument se compose d'un tuyau fermé à un bout, de bois, d'ivoire ou de cristal, ou, comme dans la flûte arabe, d'un tuyau de roseau ouvert aux deux extrémités. Ces instruments sont percés de trous latéraux destinés à changer la colonne d'air mise en vibration. Près de l'extrémité fermée, dans les flûtes ordinaires, existe une ouverture latérale appelée *embouchure*, et dont les bords sont taillés en biseau. Dans la flûte arabe, l'une des extrémités ouverte du tuyau est taillée de la même manière.

En soufflant obliquement contre les embouchures une lame d'air, celle-ci se divise et met en vibration la colonne d'air du tuyau, ainsi que nous l'avons déjà expliqué.

5° *Cor, trompette.* — Ces instruments sont composés d'une colonne d'air très longue et conique, terminée par un évasement nommé *pavillon*. On peut les construire avec une substance quelconque, même un corps non métallique, bois, carton, etc. Le tube étant très mince, il entre en vibration sous l'influence de la colonne d'air, et la qualité du son et le timbre varient beaucoup avec la nature de la matière employée. La colonne d'air vibre, dans ces instruments, d'après les lois qui régissent les tuyaux ouverts. Cependant, en fermant partiellement le pavillon avec la main, on produit des sons autres que ceux qui sont représentés par la série des nombres impairs.

La série des sons qu'on peut obtenir, sans être obligé d'introduire la main dans le pavillon, correspond aux nombres suivants :

$$ut_1, \quad sol_1, \quad ut_2, \quad mi_2, \quad sol_2, \quad ut_3, \quad ré_3, \quad mi_3, \quad sol_3, \quad si_3, \quad ut_4,$$

$$1 \quad \frac{3}{2} \quad 2 \quad \frac{5}{2} \quad 3 \quad 4 \quad \frac{9}{2} \quad 5 \quad 6 \quad \frac{15}{2} \quad 8$$

À l'aide de la main on obtient :

$$ut_1, \; la, \; sol_1, \; si_1, \; ut_2, \; ré_2, \; mi_2, \; fa_2, \; sol_2, \; la_2, \; si_2, \; ut_3, \; ré^3, \; mi_3,$$
$$fa_3, \; sol^3, \; la_3, \; si_3, \; ut_4.$$

Il est facile, avec de l'habitude et par un emploi convenable de la main, de produire des demi-tons.

6° *Trombone.* — Dans cet instrument, on allonge la colonne jusqu'à ce qu'elle donne le son cherché. Dans les trompettes à clefs, on modifie au moyen des ouvertures la longueur de la colonne vibrante.

Dans tous ces instruments, le son produit d'abord à l'embouchure est renforcé ensuite par la colonne d'air. Dans le cor, l'embouchure est conique. Elle est formée d'une demi-sphère, variable en dimension pour les trompettes et les instruments analogues. Les dimensions de l'embouchure sont d'autant plus grandes que l'instrument doit donner des sons plus graves.

On a supposé, jusqu'à présent, que dans tous ces instruments le son résultait des lèvres vibrant comme des anches membraneuses. Cette supposition ne nous paraît pas fondée, car les embouchures, par leur construction même, s'opposent aux vibrations des lèvres ; et tout le monde sait que, quand celles-ci vibrent énergiquement, le son est tremblotant et d'un mauvais effet. D'ailleurs, comment admettre qu'une substance membraneuse, et aussi épaisse que les lèvres, puisse vibrer à la manière d'une lame mince ? On comprend difficilement qu'un orifice, formé d'un contour membraneux et épais, puisse donner des sons par les vibrations de la matière qui limite la sortie de l'air.

Très probablement, le son est produit dans les cors par la sortie périodique de l'air ; la grandeur de l'ouverture et la pression de ce fluide déterminent seules la hauteur du son, qui est d'autant plus pur que les lèvres sont plus tendues pour une même grandeur d'orifice. Les lèvres, placées dans un milieu en vibration, obéissent nécessairement à ce mouvement vibratoire, mais elles ne sont en aucune façon la cause première de ces oscillations de l'air, et leurs vibrations ne sont qu'un effet secondaire.

7° *Clarinette, hautbois, basson.* — Ces instruments, de métal ou de bois, sont formés d'un tube terminé par un pavillon ; ils portent des ouvertures destinées à faire varier la longueur de la colonne d'air. Le son est originairement produit dans un appareil appelé *embouchure*, qui, dans la clarinette, est formée par une lame placée sur une gouttière. Dans le hautbois et le basson, l'embouchure est construite avec deux lames de roseau appuyées l'une contre l'autre de manière à laisser une extrémité ouverte, à forme elliptique, dont les axes varient de longueur avec la gravité ou l'acuité de l'instrument.

Il est difficile de regarder comme exacte la théorie qu'on donne de ces appareils. On suppose que le son résulte des vibrations des lames qui forment l'embouchure. On n'a pas fait attention que la pression des lèvres et le contact des lames s'opposent essentiellement aux vibrations de ces dernières, qu'on ne peut empêcher qu'en partie, ce qui donne au son un timbre particulier. La flexibilité des lames a pour but de permettre au joueur de modifier la grandeur de l'ouverture en même temps que la pression de l'air, ce qui rend l'usage de ces instruments très difficile. Ce n'est qu'avec une grande habitude qu'on peut arriver à modérer la grandeur des ouvertures et l'élasticité de l'air de manière à posséder ces instruments comme on possède la faculté de modifier ces mêmes éléments dans l'action de siffler.

Si les lames ne sont pas serrées et peuvent vibrer dans toute leur étendue, on produit très souvent des sons aigus, ce qui ne s'accorde guère avec les idées généralement admises sur ces instruments. Il est bien certain que, dans le hautbois le son est dû à l'écoulement périodique de l'air par un orifice de grandeur variable, et qu'il est renforcé par la colonne d'air. Les vibrations de l'instrument, et surtout des anches, modifient le timbre des sons; mais les anches ne vibrent que secondairement sous l'influence du mouvement de l'air.

8° *Appeau des oiseleurs.* — Cet instrument, auquel Savart assimile l'organe vocal de l'homme, mérite toute notre attention : aussi ses propriétés et sa construction seront-elles exposées avec quelques détails, que nous emprunterons, en partie, au célèbre physicien.

Il est ordinairement d'ivoire, mais souvent de bois ou de métal. Sa forme est très variable : tantôt c'est un petit tuyau cylindrique de huit à neuf lignes de diamètre et de quatre lignes de hauteur, fermé à chacune de ses bases par une lame mince et plane, percée à son centre d'un trou d'environ deux lignes de diamètre ; tantôt c'est un petit vase hémisphérique qui présente également deux orifices opposés.

Les chasseurs placent cet instrument entre les dents et les lèvres, et en aspirant ou soufflant l'air avec plus ou moins de force à travers les deux orifices, ils parviennent à obtenir différents sons.

On peut arriver plus sûrement à ce résultat en armant ce petit appareil d'un porte-vent cylindrique. On remarque qu'il peut alors donner tous les sons compris dans une étendue d'une octave et demie à deux octaves en parcourant, en général, l'intervalle de ut_4 à ut_6. Mais quand on sait bien se rendre maître de la vitesse du courant d'air, il est possible d'en obtenir des sons encore plus graves, de sorte qu'il semble qu'il n'y ait d'autre limite à cet abaissement que celle qui résulte de la difficulté qu'on éprouve à bien ménager le vent. Il ne paraît pas non plus qu'il y ait une limite pour les sons aigus : plus la vitesse du courant d'air est grande, plus l'acuité augmente.

Tous les sons produits par cet instrument ne présentent pas la même qualité; les plus graves sont sourds et faibles, les plus aigus sont si perçants qu'on a de la peine à les supporter. Mais ceux qui occupent l'intervalle compris entre ces deux extrêmes sont remarquables par leur intensité, leur pureté et leur éclat, surtout quand l'instrument est fait avec soin. Ils ont tous une analogie très marquée avec ceux qu'on peut faire rendre à une embouchure isolée de son tuyau. Le timbre est le même, et, de part et d'autre, il y a possibilité de parcourir distinctement un intervalle d'une octave et demie à deux octaves par les seules variations de la vitesse du courant d'air; de sorte qu'on pourrait soupçonner que la production des sons, dans ces deux cas, dépend de causes analogues.

On peut augmenter à volonté le volume de ce petit instrument, même du double

et du quadruple, ou bien le diminuer et en varier la forme de mille manières sans
que les résultats cessent d'être analogues à ceux que nous venons d'indiquer : seulement il sera d'autant plus facile d'obtenir des sons graves que les dimensions
seront plus considérables. Mais, un de ces instruments étant donné, il y aura toujours un son qui sortira plus facilement que tous les autres ; et si l'on fait varier
quelqu'une des dimensions, ce sera un autre son qui jouira de la prérogative d'être
le plus intense de tous ; de sorte que si l'on pouvait faire un pareil instrument tel
que l'étendue pût varier et s'approprier à la disposition la plus convenable pour
chaque son, tous les sons produits auraient une intensité constante. Toutes choses
égales d'ailleurs, le diamètre seul des orifices a une influence très appréciable sur
l'acuité ou la gravité des sons. Ils sont, en général, plus graves quand les orifices
sont plus larges.

Quant à la production même des sons, dans ce cas, il semble qu'elle soit due à
ce que le courant d'air qui traverse les deux orifices, entraînant avec lui la petite
masse du fluide contenue dans la cavité, en diminue la force élastique et la rend
par conséquent incapable de faire équilibre à la pression de l'atmosphère, qui, en
réagissant sur elle, la refoule et la comprime jusqu'à ce que, par son propre ressort et sous l'influence du courant qui continue toujours, elle subisse une nouvelle
raréfaction suivie d'une seconde condensation et ainsi de suite. On conçoit que ces
alternatives d'état étant assez rapprochées, elles doivent donner naissance à des
ondes qui se répandent dans l'air extérieur et qui deviennent susceptibles de pro-
curer la sensation d'un son déterminé. Cependant il faut noter que la nature même
des parois qui composent l'instrument paraît aussi exercer une influence sur le
nombre des oscillations et sur la qualité des sons qui en résultent. On observe que
si ces parois sont peu épaisses, elles vibrent avec beaucoup d'énergie, que les
sons ont quelque chose d'aigre et de glapissant ; et si, dans un de ces instruments,
ayant une forme hémisphérique, on remplace la lame plane par une feuille mince
de quelque substance extensible, comme du parchemin, les sons sortent plus
facilement et sont en général plus graves, beaucoup plus pleins et plus agréables
que quand cette paroi est formée d'une substance solide (1).

A. Masson a constaté qu'en plaçant, à l'extrémité d'un tuyau cylindrique de
2 à 3 centimètres de longueur, un orifice circulaire d'un diamètre convenablement choisi, on pouvait, quelle que fût la nature des parois du tube et des bords
de l'ouverture, obtenir un son très pur, dont la hauteur variait avec les dimensions
de la colonne d'air. Il est très difficile d'avoir, dans de très petits tuyaux, des harmoniques qui exigeraient une trop forte pression, et les sons fondamentaux d'un
même appareil restent constants entre des limites de densité de l'air assez étendues.
Savart a reconnu que, parmi les sons qu'un appeau peut rendre, il y en a un qui
sort plus facilement que tout autre, et qui est beaucoup plus pur ; ce son, qu'on
peut appeler le *son fondamental* de l'appeau, est celui que rend cet instrument,
considéré comme tuyau, et mis en vibration au moyen d'un tube aplati, par lequel
on souffle contre le bord de l'appareil.

Lorsqu'on place un appeau dans la bouche ou qu'on ajoute divers tuyaux, on
peut obtenir des séries de sons très variées, mais qui n'ont pas la pureté du son
fondamental, excepté quand la colonne d'air ajoutée peut vibrer à l'unisson du son
fondamental de l'appeau, ou produire un de ses harmoniques.

(1) SAVART, *Ann. de phys. et de chimie*, 2e série, t. XXX, p. 69 et suiv.

Masson pense, en s'appuyant sur ses propres expériences, que le son est produit à l'un ou à l'autre des orifices de l'instrument en question, et que le phénomène de la production du son est le même que dans les tuyaux placés sur une plaque munie à son centre d'un orifice circulaire. L'air éprouve, en passant dans les ouvertures, des variations périodiques dans sa densité et son écoulement, et ces changements de pression déterminent, dans la masse d'air, des vibrations synchrones. L'appeau vibre donc comme un simple tuyau en partie fermé. Il n'y a pas seulement analogie, comme le pensait Savart, mais il y a identité complète entre le son produit dans cet instrument et celui qu'on obtient dans les tuyaux d'orgues à biseau ou même à anches. Les pulsations périodiques de l'air aux orifices donnent naissance à des ondes qui se propagent dans l'air extérieur.

Quand l'appeau est placé dans la bouche ou qu'il est muni de tuyaux, les vibrations qui ont lieu aux orifices augmentent ou diminuent avec la vitesse du courant d'air, et peuvent être à l'unisson ou dans des rapports simples avec celles que les masses d'air ajoutées sont capables de rendre ; dans ce cas, ces dernières renforcent le son excité par l'air traversant les orifices. C'est ainsi qu'on doit expliquer les divers sons d'un même appeau, indépendamment du son fondamental, qui est toujours le plus intense et le plus pur. On conçoit même qu'un appeau isolé produise plusieurs harmoniques, comme un tuyau. Nous insisterons sur ce fait que, pour de très petites masses d'air et des ouvertures convenables, on n'obtient qu'un seul son très pur, qui est le son fondamental ; il sort plus facilement que les autres, qui exigent d'assez grandes variations, en plus ou en moins, dans la vitesse du courant qui donne le son principal. Malgré les travaux de Savart et de Masson, on doit désirer que de nouvelles recherches soient tentées pour découvrir la théorie de l'appeau, qui a joué, dans ces derniers temps, un rôle si important dans l'étude de la voix.

A cette longue série d'instruments nous en ajouterons un, beaucoup plus modeste, beaucoup plus connu, qui n'a jamais été indiqué par les physiologistes, quoique, à notre avis, il présente avec l'organe vocal de certains animaux plus d'analogie que tous les autres.

Il n'est personne qui, enfant, n'ait confectionné des instruments sonores avec les tiges creuses de certaines plantes, d'oignon par exemple. Il suffit, pour avoir de très beaux sons avec ces tuyaux membraneux, de les serrer entre les lèvres, tout près de l'une de leurs extrémités ; de manière à former une ouverture étroite longitudinale ; et variable avec la hauteur du son qu'on doit produire pour mettre la colonne d'air en vibration. L'élasticité des lèvres permet facilement d'atteindre le but.

Il nous semble difficile de rapporter aux instruments à anches, même à anches membraneuses, l'instrument précité : on ne peut pas admettre ici que les parois, serrées par les lèvres, vibrent comme lames et produisent des sons par elles-mêmes. Les expériences de Masson, sur l'écoulement des gaz, peuvent seules conduire à une explication satisfaisante de la production des sons dans ces tiges végétales, où les vibrations résultent de l'écoulement de l'air à travers une fente ou un orifice très étroit.

Conclusion générale.

En résumé nous sommes arrivés, par des expériences et des raisonnements qui nous ont paru devoir convaincre nos lecteurs, à ce résultat que, *dans tous les instruments à vent, le son produit doit être attribué à une cause unique, l'écoulement périodiquement variable de l'air à travers des orifices différant par leurs dimensions, leurs formes et leur nature.*

Ce gaz éprouve à sa sortie même un mouvement oscillatoire, et résonne en exerçant son action sur la masse d'air des instruments, qui deviennent seulement des appareils de renforcement. Les vibrations ou chocs périodiques, que la résonnance de l'air communique aux diverses parties solides des tuyaux, modifient le timbre des instruments, mais ne sauraient jamais être la *cause première* et réelle des sons de la colonne.

APPAREIL VOCAL ET VOIX DE L'HOMME ET DES MAMMIFÈRES.

Dans l'homme et les mammifères, l'appareil vocal comprend : les *poumons* qui, aidés d'un système de muscles particuliers, fournissent et chassent l'air, élément générateur du son ; le *larynx*, qui est l'organe exclusif de la production du son vocal ; enfin, le *pharynx*, la *bouche* et les *fosses nasales* qui, situés au delà du larynx, forment le tuyau par lequel le son s'écoule. Nous n'avons à nous occuper, pour l'instant, que de l'organe essentiel de la voix, c'est-à-dire du larynx.

I. Dans le *larynx* de l'homme, espèce de boîte cartilagineuse qui fait saillie à la partie antérieure du cou et qu'à l'état normal l'air traverse pour sortir des poumons, on compte, comme *cartilages* principaux : le thyroïde, le cricoïde, les deux aryténoïdes et l'épiglotte. Il faut y ajouter les *tubercules de Santorini* et les *cartilages de Wrisberg*. Ces derniers ne se rencontrent pas constamment ; lorsqu'ils existent, on les trouve cachés dans l'épaisseur des replis aryténo-épiglottiques.

Ces diverses pièces solides sont unies entre elles par des ligaments étendus des unes aux autres. Dans certains points, elles présentent des surfaces articulaires qui sont mutuellement en rapport et qui permettent aux cartilages d'exécuter des mouvements variés, mais parfaitement déterminés. Les articulations des petites cornes du cartilage thyroïde avec le cartilage cricoïde sont des arthrodies ; les articulations des cartilages aryténoïdes avec le cartilage cricoïde appartiennent aux articulations par emboîtement réciproque.

Des *muscles*, extrinsèques et intrinsèques, sont annexés à cet appareil cartilagineux. Les premiers sont tous ceux qui, immédiatement ou médiatement, élèvent ou abaissent le larynx. Les seconds sont au nombre de neuf : quatre muscles pairs et un muscle impair.

Je rappellerai ici succinctement les résultats que j'ai obtenus autrefois en étudiant l'action de ces derniers muscles (1). Le mode d'expérimentation que j'ai mis en usage a consisté à couper isolément, *sur des chiens*, etc., les petits filets nerveux qui animent ces muscles, ou à galvaniser isolément, de suite, après la mort, et selon certaines

_____

(1) *Rech. expérim. sur les fonct. des nerfs et des muscles du larynx, et sur l'influence du nerf accessoire de Willis dans la phonation.* Mém. inséré dans la *Gaz. méd.*, Paris, 1841.

règles, tel rameau nerveux qui anime tel muscle laryngé; puis, le larynx étant abandonné à lui-même, à observer l'effet physiologique que ce muscle produit lors de sa contraction propre.

a. C'est ainsi qu'après avoir coupé les ramuscules nerveux qui vont se distribuer aux muscles *crico-thyroïdiens*, j'ai pu constater une raucité de la voix très prononcée, due au défaut de tension des cordes vocales, plus spécialement des supérieures, raucité que je faisais disparaître à volonté en rapprochant, à l'aide d'une pince, le cricoïde du thyroïde, et en remplaçant ainsi l'action des muscles crico-thyroïdiens. Ces derniers sont donc essentiellement des *tenseurs* des cordes vocales et consé-quemment des constricteurs de la glotte.

b. Sur des larynx de bœufs, de chevaux ou de chiens récemment tués, les filets du laryngé inférieur qui vont au muscle *aryténoïdien* ont été mis à découvert, puis unis et croisés sur la ligne médiane, de manière à faire passer un courant électrique dans les filets de chaque côté : aussitôt la glotte s'est rétrécie, et les carti-lages aryténoïdes se sont rapprochés avec force. Le muscle *aryténoïdien* est bien un constricteur de la glotte, et plus spécialement de la *glotte inter-aryténoïdienne*.

c. Après avoir coupé les rameaux nerveux que les récurrents envoient aux muscles aryténoïdien, crico-aryténoïdiens postérieurs et thyro-aryténoïdiens, de manière à laisser intacts les seuls filets des muscles *crico-aryténoïdiens latéraux*, j'ai croisé les deux récurrents et les ai mis en contact avec les extrémités des réophores. Alors les sommets des apophyses antérieures des aryténoïdes, de chaque côté, se sont aussitôt rapprochés, de manière que la glotte inter-aryténoïdienne demeurant ouverte en arrière, la glotte inter-ligamenteuse s'est fermée dans toute son étendue par l'ac-colement des cordes vocales inférieures. Les muscles crico-aryténoïdiens latéraux sont donc des constricteurs de la glotte, et, suivant moi, spécialement *de la glotte inter-ligamenteuse ou vocale.*

d. Pour déterminer l'action des muscles *crico-aryténoïdiens postérieurs* (action qui, d'ailleurs, n'est pas controversée comme celle des deux muscles précédents), j'ai galvanisé les troncs des récurrents, après n'avoir conservé que les filets fournis par ces nerfs aux muscles indiqués. Aussitôt les aryténoïdes ont exécuté un mouvement en vertu duquel les sommets des apophyses antérieures de leur base se sont portés en dehors, les cordes vocales étant un peu tendues, mais surtout écartées de l'axe. Les crico-aryténoïdiens postérieurs sont donc des tenseurs et surtout des *dilata-teurs* de la glotte dans toute son étendue.

Ainsi, tandis que, d'après nos observations, il y a un constricteur (m. aryténoï-dien) plus spécialement réservé à la *glotte inter-aryténoïdienne*, et des constric-teurs (m. crico-aryténoïdiens latéraux), plus particulièrement destinés à rétrécir la *glotte inter-ligamenteuse*, il existe une seule paire de muscles (m. crico-aryténoï-diens postérieurs) qui dilate nécessairement à la fois les deux divisions de la glotte, et de la sorte joue un rôle des plus importants dans l'inspiration.

e. Enfin, en appliquant le galvanisme aux filets nerveux qui vont aux muscles *thyro-aryténoïdiens*, on constate que ces muscles, en se contractant, donnent plus de rigidité aux cordes vocales inférieures et les rendent plus vibrantes.

Après avoir étudié l'action de l'appareil musculaire propre au larynx, il nous reste à déterminer l'action du système nerveux sur cet organe.

1° *Nerfs laryngés supérieurs.* — Une conséquence intéressante des expériences variées auxquelles j'ai soumis les nerfs laryngés supérieurs, c'est que, des deux rameaux propres à l'un ou à l'autre, *l'externe seul*, par les filets qu'il envoie aux muscles crico-thyroïdiens, *a de l'influence sur la phonation*. En effet, j'ai pu diviser, sur des chiens, les ramuscules nerveux qui animent exclusivement ces muscles, et aussitôt, comme je l'ai dit plus haut, est survenue une raucité singulière de la voix, due au relâchement subit des cordes vocales, raucité que d'ailleurs je faisais disparaître à volonté, en rapprochant, à l'aide d'une pince, le cricoïde du thyroïde, et en remplaçant de la sorte l'action des muscles crico-thyroïdiens sur les replis vocaux. Au contraire, jamais il ne m'a été possible de constater la moindre modification de la voix, après la section isolée des *rameaux laryngés internes*, pratiquée au-dessus du cartilage thyroïde, et vers le lieu où ils traversent la membrane thyro-hyoïdienne pour pénétrer dans l'intérieur du larynx.

Ce dernier résultat négatif trouve une nouvelle confirmation dans l'expérience suivante : J'ai galvanisé, sur un grand nombre d'animaux (lapins, chiens, chevaux, bœufs), les rameaux laryngés internes, sans susciter la plus légère convulsion dans le muscle aryténoïdien ou ailleurs ; autre preuve que ces rameaux, selon moi, exclusivement sensitifs, n'ont pas pour mission de faire contracter ce muscle (1), et que, par conséquent, on ne saurait admettre, comme on l'a avancé, que la gravité de la voix, succédant à la section des nerfs laryngés supérieurs, dépende de la paralysie du muscle aryténoïdien (2). Mes expériences démontrent, de la manière la plus directe, qu'elle résulte de la paralysie des seuls muscles crico-thyroïdiens.

2° *Nerfs laryngés inférieurs ou récurrents.* — Chez les animaux, une altération profonde de la voix ou sa perte absolue, ainsi qu'un trouble plus ou moins notable de la respiration, ne manquent jamais de survenir après la section des récurrents : la lésion de ces nerfs, chez l'homme, s'accompagne de symptômes analogues (3).

Contrairement à Galien (4) et à d'autres expérimentateurs, qui notèrent l'*aphonie complète* comme résultat persistant de la lésion des deux nerfs précédents, Haller (5) admet qu'à cause de l'influence qu'exercent encore les nerfs laryngés supérieurs, les animaux peuvent n'être pas aphones, et J. Müller (6) partage la même opinion.

Sédillot (7), ayant excisé les récurrents sur quatre chiens, annonce « qu'un de ces chiens aboya distinctement, qu'un autre fit entendre quelques cris aigus et glapissants, et que les deux derniers *restèrent muets*. » Magendie (8) a entendu *plusieurs* animaux, privés de ces nerfs, pousser des cris assez aigus dans des instants où ils éprouvaient une violente douleur. Suivant lui, « ce phénomène s'entend aisément par la distribution des nerfs du larynx ; le *muscle aryténoïdien, qui reçoit ses nerfs du laryngé supérieur*, se contracte ; et dans le moment d'une expiration rapide, il applique fortement l'un contre l'autre les cartilages aryténoïdes ; la glotte

---

(1) C'est à tort que Magendie (*Précis élém. de physiol.*, t. I, p. 288) avance une assertion contraire.

(2) MAGENDIE, *ouv. cit.*, t. I, p. 302.

(3) Voir les faits pathologiques relatés dans le t. II, p. 363 et suiv. de mon *Traité d'anat. et de physiol. du syst. nerveux.*

(4) *De locis affectis*, lib. I, cap. VI, p. 48, t. VIII. Edit. græc.-lat. de Kühn.

(5) *Elementa physiologiæ*, t. III, p. 409.

(6) *Physiol. du syst. nerv.* Trad. de Jourdan, t. I, p. 322.

(7) *Thèse inaug.*, n° 274, 1820.

(8) *Précis élém. de physiol.*, t. I, p. 294.

se trouve assez étroite pour que l'air puisse faire entrer en vibration les muscles thyro-aryténoïdiens, bien qu'ils ne soient point contractés. »

Avant de vouloir juger, par voie d'expérimentation, la valeur de cette dernière théorie, sachons préalablement s'il est exact d'avancer que les animaux privés des nerfs laryngés inférieurs puissent encore faire entendre des cris aigus.

Je répondrai négativement pour certains cas, et affirmativement pour d'autres. En effet, j'ai conservé, pendant quatre et cinq semaines, des chiens auxquels les deux récurrents étaient excisés, sans que leur voix se soit jamais rétablie : aucun cri aigu n'était possible, et, quand ces animaux poussaient une violente expiration, comme pour crier, ils faisaient entendre seulement une sorte de ronflement laryngien, en tout semblable à celui qu'on obtient avec un soufflet, duquel on expulse l'air avec force à travers un larynx dont la glotte est un peu large. Or, les chiens, sur lesquels je faisais ces dernières observations, étaient *adultes ;* tandis que ceux qui, quoique privés de leurs récurrents, ont pu encore pousser des cris aigus, étaient tous âgés seulement de quelques mois (1). Si Legallois a reconnu que les effets de la section de ces nerfs sur les mouvements respiratoires du larynx sont singulièrement modifiés par l'âge de l'animal, aucun physiologiste, que je sache, n'avait soupçonné qu'il en fût de même pour la phonation : plus loin, je ferai connaître une configuration de la glotte, particulière aux jeunes animaux, qui doit singulièrement les aider à produire des sons aigus dans la circonstance indiquée.

On ne peut admettre l'explication proposée plus haut par Magendie, qui, sans rechercher comment la voix est conservée dans certains cas et abolie dans d'autres, après la paralysie des récurrents, rapporte un effet inconstant, de son aveu même, à une cause constante, c'est-à-dire à la persistance d'action du *muscle aryténoïdien, qui détermine entre les aryténoïdes un rapprochement nécessaire à la formation des sons aigus.* En effet, d'une part, le muscle aryténoïdien ne saurait agir sur ces cartilages, comme on le suppose, puisqu'il est paralysé par la section même des récurrents ; et, d'autre part, les crico-thyroïdiens, animés encore par le laryngé supérieur (rameau externe), peuvent très bien, quoique seuls, en tendant les replis vocaux, entretenir, *si l'animal est jeune,* la glotte dans les conditions nécessaires à la production des sons aigus. Ce fait est d'ailleurs confirmé par la paralysie de ces muscles, que je détermine à l'aide de la section de leurs filets nerveux : celle-ci étant pratiquée, l'animal ne peut plus proférer ses premiers cris, qui, au contraire, continuent après que les laryngés internes sont coupés. C'est donc seulement aux muscles crico-thyroïdiens qu'appartient, dans ces cas, le rôle attribué à tort au muscle aryténoïdien.

Quant à la configuration de la glotte, favorable, chez les jeunes animaux, à la production des sons aigus après l'excision des récurrents, il faut d'abord savoir, comme d'ailleurs je l'ai déjà dit, que cette ouverture présente : 1° une partie antérieure ou *inter-ligamenteuse,* bordée par les cordes vocales inférieures ; 2° une partie postérieure ou *inter-cartilagineuse* limitée latéralement par les apophyses antérieures des cartilages aryténoïdes. Or, j'ai reconnu que, suivant l'âge, les dimensions relatives de ces deux portions varient beaucoup ; qu'ainsi, à une époque assez rapprochée de la naissance, la seconde est infiniment petite relativement à la première, ce qui tient à l'absence presque complète des apophyses antérieures des cartilages aryténoïdes. Aussi, chez les animaux encore assez jeunes, les cordes

____

(1) J'ai répété ces expériences sur des lapins avec les mêmes résultats.

vocales, par le fait même de leur tension, se rapprochent-elles avec facilité pour permettre des sons aigus ; tandis que l'obstacle, qui empêche ceux-ci chez les animaux plus âgés, réside évidemment dans l'ampleur de leur glotte inter-cartilagineuse, dont les dimensions ne sauraient d'ailleurs être suffisamment rétrécies à cause de la paralysie incontestable du muscle aryténoïdien.

Afin de démontrer la réalité de l'obstacle indiqué, poussez de l'air dans le larynx d'un animal mort, mais adulte, et il vous sera impossible, malgré la tension des replis vocaux, d'obtenir des sons aigus, si d'abord, pour diminuer la glotte inter-cartilagineuse, vous ne rapprochez les aryténoïdes : au contraire, chez les jeunes animaux, cette dernière précaution est inutile quand les cordes vocales sont tendues ; et, par conséquent, l'action des crico-thyroïdiens (*tenseurs de ces cordes*), sans le concours de l'aryténoïdien (*constricteur de la glotte inter-cartilagineuse*), toujours paralysé après la section des récurrents, suffit à la production des sons aigus (1).

La glotte inter-ligamenteuse ou vocale proprement dite, est, comme chacun le sait, limitée par les cordes vocales inférieures seulement ; les supérieures n'en font nullement partie. C'est entre la corde vocale supérieure et la corde vocale inférieure, d'un côté, qu'existe le ventricule correspondant du larynx.

Les cordes vocales inférieures sont élastiques ; de là leur aptitude à vibrer. Cette propriété est due à la présence d'un tissu élastique particulier qui entre dans leur composition. Ce tissu élastique est jaune ; d'après Schwann et Lauth, il est formé de fibres qui se divisent et s'anastomosent. Eulenberg (2) a reconnu qu'il ne fournissait qu'une petite quantité de colle, et seulement après une coction prolongée pendant plusieurs jours.

On trouve également du tissu élastique dans le ligament hyo-thyroïdien et dans le crico-thyroïdien moyen.

D'après les recherches de Lauth (3) le tissu élastique est abondamment répandu dans le larynx. Il y forme une couche qui prend son origine au niveau de la moitié inférieure de l'angle du cartilage thyroïde, entre les insertions des muscles thyro-aryténoïdiens. De ce point, les fibres se portent en divergeant de haut en bas et d'avant en arrière, pour venir se fixer à tout le bord supérieur du cartilage cricoïde, excepté dans le point où s'articulent les cartilages aryténoïdes. Les ligaments supérieurs et inférieurs de la glotte sont unis également par une couche mince de tissu élastique, qui revêt le ventricule de Morgagni. Enfin ce même tissu se rencontre dans le ligament hyo-thyroïdien latéral, dans les ligaments thyro-épiglottique, hyo-épiglottique et glosso-épiglottique.

Il y a des différences bien tranchées, sous le point de vue du degré de développement entre le larynx de l'homme et celui de la femme ; le premier l'emporte environ des deux tiers sur le second par le volume. Le cartilage thyroïde de la femme a, relativement, les cornes inférieures plus grandes et les supérieures plus pe-

---

(1) Les expériences multipliées que j'ai faites sur le *nerf spinal* ou accessoire de Willis concourent toutes à établir, comme celles de Bischoff, que ce nerf mérite seul le nom de *nerf vocal*, et qu'il préside à la phonation spécialement par sa portion bulbaire (*branche interne*).

(2) *De tela elastica.* Berlin, 1836.

(3) *Mém. de l'Acad. royale de méd.* Paris, 1835, t. IV, p. 95.

tites (1). L'échancrure du bord supérieur de ce cartilage est plus profonde chez l'homme ; chez ce dernier la pomme d'Adam est plus saillante, et l'angle sous lequel les deux moitiés du cartilage se rencontrent est plus aigu. Chez la femme, les ventricules de Morgagni sont plus petits ; les cordes vocales sont plus courtes et plus étroites.

C'est surtout dans les dimensions de la glotte que les deux sexes présentent des variétés remarquables. D'après Huschke (2), chez la femme, la longueur de la glotte est de 6 lignes ; elle est de 11 lignes chez l'homme.

II. Dans l'*orang-outang*, l'épiglotte est courte, très concave à sa base, tronquée et échancrée ; les cartilages aryténoïdes sont plus petits que dans l'homme, et les cunéiformes sont plus grands. Les rubans vocaux sont libres et tranchants ; l'ouverture du ventricule est ovale et très large. Le ventricule lui-même est une grande cavité ovale, large en tous sens, divisée en deux parties par une demi-cloison. La partie supérieure de cette cavité communique par un trou percé entre le cartilage thyroïde et l'os hyoïde, avec un grand sac membraneux situé dans la gorge (3). Ces deux sacs sont accolés, mais ne communiquent pas l'un avec l'autre.

Dans plusieurs singes de l'ancien continent, l'os hyoïde forme un bouclier bombé qui sert à protéger le commencement d'un sac membraneux simple, qui communique avec le larynx, par un trou situé entre la base de l'épiglotte et le milieu du bord antérieur du cartilage thyroïde.

Parmi les singes du nouveau continent, c'est dans l'*alouate* ou *sapajou hurleur* qu'on trouve la disposition la plus remarquable. L'os hyoïde, bombé en forme de vessie arrondie, offre une ouverture large et carrée. Le larynx a la forme ordinaire de celui des sapajous, et chaque ventricule communique avec une poche membraneuse qui se glisse entre l'épiglotte et l'aile contiguë du cartilage thyroïde pour se porter vers l'os hyoïde. Il résulte de cette conformation, que l'air qui a passé entre les cordes vocales pénètre en partie dans la cavité osseuse et élastique de l'os hyoïde, et c'est la résonnance qu'il y éprouve qui donne à la voix de ces singes le timbre spécial qui la caractérise. Si l'on en croit les récits de quelques voyageurs, les cris de ces animaux se font entendre à plus d'une demi-lieue ; ils sont véritablement effrayants et on les a comparés au bruit que déterminerait l'écroulement des montagnes. C'est surtout au lever et au coucher du soleil, ou bien à l'approche d'un orage, que les alouates poussent des hurlements : ils y ont quelquefois recours aussi pour éloigner leurs ennemis.

III. Les *carnassiers* présentent de grandes différences dans la conformation du larynx.

Dans le genre *canis*, l'épiglotte est triangulaire ; les cartilages cunéiformes sont saillants en dehors et présentent la forme d'un *S* italique ; les aryténoïdes sont effacés et fourchus ; les rubans vocaux bien tranchants, bien libres ; les ventricules profonds.

Dans le genre *felis* (lion, tigre, panthère, lynx, chat commun), les ligaments antérieurs de la glotte sont séparés de l'épiglotte par un sillon large et profond de chaque côté ; ils sont très épais. Les ligaments postérieurs ne sont ni libres ni tran-

(1) HUSCHKE, *Splanchnologie*, p. 225.
(2) *Loc. cit.*
(3) CUVIER, *Leçons d'anatomie comparée*, t. VIII, p. 780.

chants; on ne les distingue des antérieurs que par leur apparence plus ferme, leurs stries plus régulières. Le cartilage thyroïde est composé de deux ailes très obliques; les cornes antérieures sont remplacées par des cartilages particuliers.

Dans le blaireau, le larynx présente une conformation spéciale (1). Le ventricule, qui est très ouvert, s'ouvre dans deux poches qui s'étendent, l'une fort avant sous la racine de la langue; l'autre entre le thyroïde et le cricoïde.

IV. Dans l'ordre des *rongeurs*, il n'existe pas de différences moins grandes que parmi les divers carnassiers. Chez les uns, le *porc-épic* par exemple, il n'y a ni ligaments ni ventricules; chez les autres, le *paca* par exemple, les rubans vocaux sont très distincts. A la base de l'épiglotte existe une petite dépression où les deux sillons qui remplacent les ventricules semblent aboutir (2). Dans les lièvres et les lapins, on ne trouve pas de ligament vocal supérieur.

V. Dans les *proboscidiens*, chez l'éléphant par exemple, les cartilages aryténoïdes ne se touchent point par leur face interne qui est un peu concave. De leur partie inférieure part un ligament vocal très prononcé, bien tranchant, qui s'attache au cartilage thyroïde sous la base de l'épiglotte. Un sillon tient lieu de ventricule; vers la commissure des deux rubans vocaux est de chaque côté, en dehors, un petit repli vertical qui va gagner l'épiglotte.

Dans les solipèdes, le cartilage thyroïde est composé de deux ailes rhomboïdales obliques, à cornes peu saillantes; les aryténoïdes sont grands, recourbés en arrière à leur partie supérieure. L'extrémité inférieure fait une saillie en dedans du larynx et donne attache à un ruban vocal étroit situé profondément, et détaché tant à son bord supérieur qu'à l'inférieur. Le ligament supérieur est peu marqué; un trou percé dans la paroi latérale, au-dessus du ruban vocal, conduit dans un grand sinus oblong caché entre cette paroi et le cartilage thyroïde. Au-dessus de la commissure antérieure des deux rubans vocaux, et sous la base de l'épiglotte, est un trou impair qui conduit dans une cavité pratiquée sous la voûte qui forme le rebord antérieur du cartilage thyroïde.

VI. On ne trouve, en général, ni ligaments vocaux supérieurs, ni ventricules chez les *ruminants*.

Dans la gazelle commune et la corine, on voit à la base de l'épiglotte, un peu au-dessus de la commissure des rubans vocaux, un trou qui conduit dans un sinus membraneux caché entre l'épiglotte et le cartilage thyroïde. Camper (3) a trouvé dans le renne, entre les mêmes parties, un grand sac qui s'étend sous la gorge. Chez le lama, il existe des ventricules compris entre deux ordres de ligaments vocaux. Le larynx du bœuf est, comme on le sait, dépourvu de ventricules et de cordes vocales supérieures.

VII. Dans le *dauphin* et le *marsouin*, le larynx forme une pyramide qui s'élève pour pénétrer dans la partie postérieure des narines et s'y ouvrir par son extrémité seulement, laissant à chacun de ses côtés un passage pour les aliments. Cette disposition tout à fait exceptionnelle tient assurément à la manière dont les cétacés

---

(1) CUVIER, *loc. cit.*
(2) *Id.*, *loc. cit.*
(3) *Id.*, *loc. cit.*, t. VIII, p. 796.

vivent. On conçoit, en effet, très bien que ces animaux avalant continuellement de l'eau, l'air extérieur qui pénètre par les fosses nasales n'aurait pu se frayer une voie à travers le larynx si cet organe en avait été toujours séparé par une couche de liquide. Il n'existe, d'ailleurs, ni glotte, ni cordes vocales ; les cétacés n'ont pas de voix proprement dite.

Chez le dugong, les deux moitiés latérales du cartilage thyroïde sont unies par du tissu fibreux, cellulaire et adipeux (1). Le cartilage cricoïde est largement ouvert chez les baleines (2).

Dans quelques cétacés vrais, on rencontre une glande laryngienne, située au dessous du cartilage thyroïde, dans l'intervalle que laisse l'arc du cartilage cricoïde. Ses conduits excréteurs s'ouvrent dans la cavité du larynx (3).

Voix des mammifères à glotte simple. — De la voix du bœuf en particulier.

En faisant connaître plus haut les dispositions principales de l'organe vocal des mammifères, nous avons constaté que plusieurs espèces ont un *larynx* dépourvu de ventricules et de cordes vocales supérieures. Tel est celui du bœuf.

Pour procéder du simple au composé, et aussi pour développer plus commodément, par la suite, nos idées sur le mécanisme de la voix humaine, il nous a paru convenable d'étudier d'abord celui de la voix chez les mammifères à glotte simple, et du *sifflement oral* chez l'homme.

Dans le bœuf, dont nous prendrons ici le larynx pour type, cet organe représente un simple tube, muni à sa partie inférieure d'une ouverture variable dans ses dimensions : c'est la *glotte*. Les parois de ce tube, formées par des muscles énergiques recouverts d'une membrane fibreuse et élastique, peuvent éprouver des changements de rigidité, et la masse d'air qu'elles renferment est elle-même soumise à des variations dans son volume : la partie supérieure de ce tuyau sonore peut être partiellement fermée par l'épiglotte.

Il devient facile d'expliquer, en nous appuyant sur les principes précédemment développés, comment le son est produit dans le larynx du bœuf, et très probablement dans celui des autres mammifères qui ne possèdent qu'une glotte simple.

L'air venu des poumons, s'échappant en partie par la glotte, éprouve dans son écoulement des variations périodiques qui déterminent, dans l'air du tuyau laryngien, des vibrations synchrones à celles qu'il éprouve dès sa sortie. La rigidité des parois du tuyau, leurs dimensions, et la fermeture variable due à l'épiglotte, permettent toujours au son du tuyau laryngien de s'accommoder à celui que le fluide produit en passant à travers la glotte vocale. Le nombre des vibrations ou la hauteur du son dépend de la pression de l'air ; son intensité, de la grandeur de l'orifice de sortie et de la variation de pression que l'air peut éprouver sans changer le ton. L'air, qui s'échappe par la glotte inter-aryténoïdienne, doit aussi éprouver des mouvements ondulatoires dont la périodicité est la même que celle des vibrations sonores, et il excite alors, dans les oreillettes des cartilages aryténoïdes, des oscillations qui, jointes à celles des parois du larynx et de l'épiglotte, contribuent sans doute à donner à la voix du bœuf un timbre particulier.

L'échelle des sons est très limitée chez le bœuf, parce qu'il y a peu de varia-

(1) OWEN, *Proceed. of the zool. Soc. of London*, part. VI, 1838, p. 37.
(2) SANDIFORT, *Bydragen tot de ontledkundige kennis der Waalwischen*. Amsterdam, 1831.
(3) RAPP, *Würtemberger naturwisch. Abhandl.*, I, et *Cetaceen*, p. 147.

tions dans les éléments du tube laryngien sus-glottique, qui consiste en un simple tube renforçant membraneux. S'il nous était permis de comparer l'organe vocal du bœuf à un appareil sonore artificiel, nous n'hésiterions pas à lui trouver une certaine analogie avec l'instrument formé par une simple tige d'oignon qu'on serre entre les lèvres à l'une de ses extrémités. Dans cette comparaison, nous ne faisons intervenir ni le tuyau respiratoire qui exerce nécessairement une grande influence sur la phonation, ni le changement de rigidité des parois.

J. Müller (1) a décrit des appareils à *anches membraneuses* qui n'ont pas la moindre ressemblance avec les organes vocaux des animaux; on peut voir, sur ses dessins, qu'il a construit des anches de hautbois ou de clarinette en caoutchouc, mais non pas des embouchures présentant la configuration de la glotte.

A l'aide de ses instruments artificiels, A. Masson semble avoir mieux imité la nature. Ce physicien prend des tubes en gomme élastique de 2 à 3 centimètres de longueur, et dont le diamètre varie comme celui des tuyaux qu'il veut faire résonner. Il pince ces embouchures au milieu et sur deux arêtes opposées, de manière à former une fente analogue à la glotte. Si l'on souffle dans ces appareils, on obtiendra difficilement des sons; mais, en y ajoutant des tubes en caoutchouc vulcanisé, on arrivera toujours, en modifiant convenablement l'ouverture, à faire parler le tuyau avec un faible courant d'air. Chaque tuyau additionnel produira généralement un seul son, et en changeant leurs longueurs, on parcourra une étendue de plusieurs octaves.

Les sons ainsi obtenus ont la plus grande ressemblance, pour le timbre, avec ceux des mammifères à glotte simple.

Ce nouveau moyen de produire des sons n'admet ni corde ni anche proprement dite; le son est dû uniquement à la sortie de l'air à travers une ouverture elliptique analogue à la glotte.

Si l'on substitue des tuyaux de verre aux tubes de gomme élastique, le son est plus pur, approche davantage des sons de flûte; mais il est toujours plus grave que le son propre du tuyau, ce qui paraît dû à une grande influence de l'embouchure membraneuse.

Sifflement oral de l'homme.

La faculté de siffler met l'homme en possession d'un registre particulier de sons, dont la source est dans l'air de la cavité buccale et dans l'air ambiant.

Dans le sifflement avec la bouche, le siége principal des vibrations sonores est à l'ouverture formée par les lèvres, ouverture que nous désignerons, avec Dodart, sous le nom de *glotte labiale*. La sortie de l'air par cet orifice étant évidemment la cause principale du son, il nous faut expliquer par quel mécanisme ce fluide gazeux peut éprouver un mouvement vibratoire. Dodart (2) a donné une *Théorie du sifflet* qu'on regrette de ne pas trouver dans les différents ouvrages qui ont cité ses travaux sur la voix. Ce physiologiste avait parfaitement compris toute l'importance d'une étude complète et comparée des glottes labiale et vocale, aussi bien que l'analogie de ces deux appareils. Toutefois, craignant qu'on ne l'accusât de s'occuper d'une question futile, il prend beaucoup de précautions oratoires avant de

(1) *Ouv. cit.*
(2) *Supplément au mémoire sur la voix et les tons.* Dans *Mém. de l'Ac. des sc. de Paris*, année 1707, p. 66.

décrire le sifflet, auquel il consacre un chapitre assez étendu qui d'ailleurs servira de base à notre étude sur ce sujet.

« La glotte labiale, dit Dodart, est moins importante et moins utile que la glotte vocale ; mais on va voir que, toute méprisée qu'elle est, elle ne laisse pas d'être, philosophiquement parlant, très digne de considération.

» L'entr'ouverture des lèvres, pour siffler, est précisément de la figure de la glotte dans la plupart de ceux qui savent s'aider de leurs lèvres pour cet usage. Le changement qui arrive dans les lèvres, pour former le sifflet, est de se froncer pour raccourcir leur ouverture naturelle et pour l'entr'ouvrir en avant. Cette ouverture est presque toujours, comme je l'ai dit, de la même figure que celle que j'ai attribuée à la glotte vocale quand elle est en action pour la voix. Voilà presque tout l'instrument ; et, en effet, cela seul, sans canal et sans autre étendue que celle de l'ouverture des lèvres, suffit pour le son et pour tous les tons du sifflet. »

Il est utile de faire observer, dès à présent, que Dodart ne tient aucun compte de la cavité située derrière l'orifice labial, et qui joue, comme nous le démontrerons plus loin, un rôle très important dans le sifflement.

Dodart revient plusieurs fois et insiste surtout (p. 68) sur l'analogie complète qui existe entre les usages de la glotte vocale et ceux de la glotte labiale.

« Dans le mémoire sur la voix humaine, j'ai dit, continue Dodart, que le petit diamètre de la glotte diminue à chacune de ses extrémités à chaque changement de ton et de parcelle de ton passant du bas en haut de l'échelle musicale ; or, après tout ce qui a été dit de la glotte labiale par comparaison à la glotte vocale, il est bien aisé de voir si celle-là a les mêmes usages que celle-ci, et si elle les remplit par le même mouvement. On ne peut douter des usages, puisque la seule ouverture des lèvres fait tous les tons et demi-tons, etc., entonne aussi juste à l'unisson que la voix, et suit sur le pied de la première note entonnée celles qui suivent haut et bas, avec la même justesse, par le mouvement d'éloignement ou d'approche des lèvres.

» Cela prouve visiblement tout ce que j'avais dit de la glotte vocale ; car, dans la glotte labiale, on n'a pas besoin de prouver par le raisonnement les degrés d'approche des lèvres, comme on est obligé de le faire à l'égard de la glotte vocale : il n'y a point à deviner ni à raisonner, on *voit*. »

Dodart (1) pense que la faculté de produire des sons de sifflet en aspirant ou en expirant l'air, l'ouverture restant constante, explique la possibilité de produire un sifflement continu, et il rejette l'influence que peut avoir la respiration nasale sur la vitesse de l'air appropriée à un ton donné. Nous ne partageons pas, sur ce point, l'opinion de l'auteur, et nous pensons qu'une partie de l'air, variable avec la pression nécessitée par les sons qu'on veut obtenir, entre et sort par les narines dont le conduit sert de trop-plein et rend constante la masse d'air expirée ; de telle sorte que la respiration est maintenue à l'état normal. On éprouve, en effet, beaucoup de fatigue en sifflant par aspiration et expiration d'une manière continue, quand on presse les ailes du nez de manière à le fermer complétement. Nous attachons de l'importance à ce double circuit dans lequel l'air peut se mouvoir pendant la production du son du sifflet, parce qu'il y aura lieu d'examiner plus tard si, dans les autres organes, qui dans les animaux servent à produire des sons, il n'y a pas une disposition analogue à celle qui existe dans l'appareil siffleur de l'homme.

(1) *Mém. cit.*, p. 72.

Théorie de Dodart. — « Le son est produit, dans le sifflet, par le passage de l'air lancé d'une certaine vitesse dans l'air dormant écarté par l'air lancé ; ce à quoi il faut joindre le frémissement que ce passage cause dans l'ouverture par où l'air est lancé et peut-être encore le frottement naturel de ces deux airs l'un par l'autre et l'un contre l'autre.

» La seule différence de vitesse de l'air sonnant dans l'air dormant, jointe aux différents intervalles de vibrations qui résultent des divers degrés de fermeté dans le ressort de l'instrument, c'est-à-dire dans la seule ouverture frémissante, sans aucun corps d'instrument, suffit pour produire tous les tons. »

Dans cette théorie, Dodart n'explique pas le mouvement vibratoire de l'air ; il considère la cavité buccale comme complétement inutile, et il semble ignorer le rôle des divers éléments qu'il fait intervenir dans le problème qu'il veut résoudre. Nous aurons à revenir sur les idées de Dodart à propos de la cause de la voix humaine qu'il regarde comme analogue au sifflement oral.

Après Dodart, quelques auteurs ont attribué le sifflement aux vibrations des lèvres qu'ils ont assimilées à des anches libres. Mais il est facile de s'assurer que, dans l'action de siffler, les lèvres n'éprouvent qu'un mouvement insensible et secondaire, et sont incapables de produire des sons par elles-mêmes. D'ailleurs, on peut remplacer l'ouverture labiale par des orifices percés dans des plaques solides, sans changer le phénomène, et c'est ce qui sera démontré dans la suite par des expériences. Il faut donc abandonner immédiatement cette fausse théorie.

Théorie de Cagniard-Latour (1). — Cette théorie a été généralement adoptée sans discussion par les physiologistes, quoiqu'elle renferme un principe, *les vibrations des colonnes d'air par frottement immmédiat*, dont l'application n'a été faite à aucun instrument. Le nom de l'auteur et ses nombreux travaux justement estimés nous imposent l'obligation de l'examiner avec une scrupuleuse attention.

Cagniard-Latour a démontré d'abord, à l'aide d'une expérience très simple, que le son du sifflet n'est pas dû aux vibrations des lèvres, et cela en substituant à l'ouverture qu'elles forment un orifice circulaire de 5 millimètres de diamètre percé dans des plaques de liége d'épaisseurs diverses qu'on plaçait entre les lèvres, la face antérieure un peu en avant dans la bouche.

L'épaisseur des disques étant de 2 à 3 millimètres, on a des sons de sifflet très purs en soufflant de l'air à travers l'orifice ; tandis qu'on ne peut produire les mêmes effets avec des épaisseurs plus grandes ou plus petites (4 millimètres ou 1 millimètre.)

Avec une seule rondelle, celle de 3 millimètres, il est possible d'obtenir tous les sons compris dans une octave au moins, pourvu qu'on règle convenablement la cavité intérieure de la bouche et la vitesse d'écoulement de l'air.

Avec des rondelles évasées coniquement, on n'a de son qu'en présentant au souffle le côté non évasé. En variant les dimensions des divers éléments des rondelles, on en trouve qui produisent des sons seulement par inspiration, et d'autres par expiration. Quelquefois on obtient des sons d'une même rondelle, soit en aspirant l'air extérieur, soit en soufflant par l'orifice. On peut remplacer le souffle par un courant de gaz établi au moyen d'un gazomètre.

---

(1) *Mémoire sur le son qu'on produit en sifflant avec la bouche.* Dans *Journal de physiol. expérimentale*, t. X, p. 170.

Cagniard-Latour conclut de ces premières expériences que si les lèvres vibrent dans l'action de siffler, leurs vibrations ne sont pas une condition nécessaire pour que le son se manifeste.

Passant de ces conclusions aux hypothèses, il croit pouvoir déduire de ses observations une théorie du sifflet, qu'il résume dans les propositions suivantes (1) :

« 1° Selon toute apparence, le son ordinaire du sifflet vient de ce que l'air, en passant par le conduit formé par les lèvres contractées, subit un frottement intermittent propre à engendrer un son primitif qui acquiert de l'intensité, en communiquant ses vibrations à l'air contenu dans la bouche.

» 2° La bouche elle-même, la trachée-artère et les poumons peuvent avoir une certaine influence sur les vibrations du conduit siffleur.

» 3° Si les lèvres elles-mêmes ont une vibration, elle n'est pas une condition nécessaire pour que les sons du sifflet se produisent. »

Après avoir constaté que le son est produit, dans le sifflet, par le mouvement de l'air sortant par l'orifice que forment les lèvres, Cagniard-Latour ne paraît pas avoir reconnu quel est le véritable appareil renforçant et son influence, car il admet que c'est la cavité de la bouche qui renforce le son, et même qu'il en est ainsi de la trachée-artère et des poumons.

Ce physicien rejette toute assimilation entre l'appareil siffleur et l'appareil des oiseleurs, parce que, dit-il, dans ce dernier, les orifices sont percés dans des parois minces, tandis que, pour siffler, il faut un conduit d'une certaine longueur qui augmente d'autant plus le frottement qu'il est plus long, et modifie ainsi le nombre des vibrations.

Ce qui a été dit précédemment des appeaux nous dispense de toute discussion relative à la théorie que Cagniard-Latour donne de ces instruments dans lesquels il suppose que l'air intérieur, restant immobile et se comportant comme un solide, forme un canal dans lequel l'air insufflé éprouve, de la part des parties solides et gazeuses, un frottement qui le met en vibrations sonores.

Cette manière de voir, adoptée par J. Müller (2), nous semble contraire à tous les principes admis jusqu'ici relativement aux propriétés des fluides et nous allons essayer de le prouver.

Il faut de toute nécessité, pour qu'un corps devienne sonore, que ses molécules, dérangées de leurs positions d'équilibre par une force extérieure, puissent y revenir en oscillant, sous l'influence des attractions qu'elles éprouvent de la part des molécules voisines, ce qui suppose nécessairement, dans le corps vibrant, un certain degré de cohésion qui existe à peine dans les liquides, et qu'on ne saurait admettre dans les gaz.

Voulant démontrer que l'air peut, par le frottement, entrer en vibration à la manière des solides, Cagniard-Latour rappelle qu'on fait sonner une vitre en la frictionnant avec le pouce mouillé. Cette comparaison manque de justesse : le carreau frotté produit des harmoniques si l'on varie la vitesse et la place du frottement : ce n'est pas le pouce qui est le corps sonore, ce corps mou sert seulement d'archet.

Si l'on peut admettre que, dans quelques circonstances, le corps frottant et le corps frotté entrent en vibration, assurément il n'est pas permis de supposer que l'air, substance dépourvue de toute cohésion, jouisse de cette propriété. On ne pourrait même pas citer un exemple où l'air se comporte réellement comme un archet et

(1) *Mém. et rec. cit.*, p. 187.
(2) *Manuel de physiol.* Trad. franç., t. II, 230.

fasse vibrer les corps en les frottant. S'il en était ainsi, les molécules des gaz devraient opposer à tout déplacement une certaine résistance nécessaire pour qu'il y eût mouvement des molécules dans le corps frotté. Or, tous les faits sont contraires à cette idée de la cohésion dans les fluides élastiques. Enfin, si un gaz pouvait entrer en vibration par le frottement des corps solides, on devrait, en faisant tourner rapidement dans l'air un plateau circulaire et mince, obtenir des sons qui dépendraient de la vitesse du disque et faire sonner ce fluide comme on fait vibrer un corps solide qui presse les faces de l'appareil tournant : jamais on n'a observé une pareille production de son.

Si la théorie que nous examinons était exacte, elle servirait à expliquer les vibrations produites dans des circonstances identiques et ne serait pas seulement vraie pour le sifflet. Les bruits ou sons, résultant de l'expansion des gaz, devraient être attribués au frottement de l'air contre les parois des conduits, et le bruit d'un canon résulterait du frottement de l'air contre la bouche à feu.

Dans la *sirène* elle-même, le son aurait pour cause la friction que l'air éprouve de la part des bords des orifices de sortie. Il en serait encore de même pour les sons obtenus à l'aide des liquides dans ce même instrument. Nous ne croyons pas que les physiciens aient jamais adopté cette explication que Cagniard-Latour, forcé par sa théorie du sifflet, semble néanmoins ne pas rejeter, puisqu'il dit (p. 174) : « J'ai présumé qu'une des conditions nécessaires pour obtenir cet effet sonore (le sifflet), c'est-à-dire pour que les intermittences du frottement eussent le temps de s'établir, et qu'ainsi les bruits du frottement devinssent périodiques et *sonores comme les bruits de la sirène*, j'ai présumé, dis-je, qu'une des conditions était que le conduit eût une certaine longueur par rapport à son diamètre. »

Ces idées nous semblent peu d'accord avec les expériences mêmes de l'auteur ; car il a trouvé que des rondelles de liége, de 1 et de 4 millimètres d'épaisseur, ne produisaient pas de son, tandis que celles de 3 millimètres pouvaient résonner. Il aurait fallu tenir compte davantage des dimensions de l'appareil renforçant qui exerce une grande influence sur les épaisseurs des disques nécessaires à la production d'un son, ainsi que A. Masson l'a constaté dans ses expériences sur l'écoulement des gaz, expériences dont les principaux résultats ont été relatés précédemment.

Théorie de A. Masson. — L'appareil du sifflet ordinaire, chez l'homme, est un véritable appeau dans lequel le son est originairement produit, par inspiration ou par expiration, à l'orifice antérieur formé par les lèvres, et que, à l'exemple de Dodart, nous désignons sous le nom de *glotte labiale*. L'écoulement périodiquement variable de l'air, qui sort par cette ouverture, imprime à l'air extérieur des pulsations ou vibrations entièrement analogues à celles que la sirène y détermine en interrompant périodiquement la sortie de l'air qui s'écoule de son réservoir ou tambour. Dans le cas où un gaz s'écoule d'une manière continue, le mouvement oscillatoire de l'air extérieur n'est pas occasionné, comme dans la sirène, par des intermittences complètes d'écoulement, mais seulement par des variations régulières et périodiques de la quantité d'air expulsé par l'orifice de sortie ; d'où résultent, dans le milieu extérieur, des pressions périodiquement variables, et par conséquent un son qui serait très faible et souvent même insensible sans un appareil renforçant qui participe lui-même à ce mouvement oscillatoire, et vibre à l'unisson du son produit à l'embouchure. Dans le sifflet, le tuyau renforçant est formé par une cavité comprise entre les lèvres et la langue, dont la pointe vient se placer contre les dents de la mâchoire inférieure. L'orifice postérieur de cette espèce d'appeau est le canal compris entre la langue et le palais, et plus souvent l'espace compris entre la langue et les dents de la mâchoire supérieure.

Cette cavité à parois membraneuses est susceptible de donner des sons plus graves qu'un appareil de mêmes forme et dimensions à parois rigides. Le son du tuyau siffleur de l'homme paraît toujours vibrer à l'unisson du son produit à l'orifice pour les limites de pression de l'air qu'il peut atteindre.

Beaucoup d'individus acquièrent une singulière aptitude à approprier la grandeur de la glotte labiale et les dimensions de la cavité buccale au son qu'ils veulent produire, de manière à entonner avec une extrême rapidité tous les tons possibles dans l'étendue d'une octave au moins.

La hauteur du ton dépend de la pression qui est plus grande pour les sons aigus que pour les sons graves, et l'intensité résulte de la quantité d'air insufflé et de sa pression comprise pour un même son dans des limites plus ou moins étendues.

Avec une ouverture déterminée et invariable, on peut, en modifiant convenablement la pression de l'air et la grandeur du tuyau renforçant, obtenir plusieurs sons. On modifie facilement les dimensions de l'appareil siffleur par un mouvement de langue en avant ou en arrière.

La grandeur des orifices, la capacité du tuyau buccal, la tension de ses parois et la pression de l'air sont réglées instantanément par le siffleur, et avec une précision remarquable, dont le sentiment est le seul guide, de manière à engendrer tous les tons et fractions de tons possibles.

L'homme possède donc, pour siffler, un appareil dont la perfection n'existe dans aucun des instruments de musique artificiels.

Les sons étant produits avec la même facilité par inspiration ou par expiration, il semble qu'on devrait, sans être gêné, pouvoir siffler d'une manière continue. Cependant, quand on expérimente en bouchant le nez, on éprouve une certaine difficulté dans la respiration. Il est nécessaire que les narines laissent entrer ou sortir une certaine portion d'air variable avec la pression exigée par la production des sons. Le nez sert donc, en quelque sorte, de tube de sûreté ou de régulateur d'écoulement, de manière à laisser constante la quantité de gaz exigée pour une respiration normale.

La théorie précédente trouve en partie son explication dans les expériences de A. Masson sur l'écoulement des gaz et sa confirmation dans les faits suivants :

Ce physicien a pris des disques métalliques, percés de trous cylindriques, à arêtes vives. Leurs épaisseurs ont varié de 2 à 5 millimètres, et les diamètres des ouvertures centrales ont été compris entre 2 et 7 millimètres. En appliquant les lèvres contre ces disques, de manière à remplacer la glotte labiale par une ouverture fixe et solide, l'expérimentateur a pu produire, avec chaque disque, par inspiration ou expiration, des séries de sons très étendues en modifiant convenablement, et pour chaque son, la pression de l'air et la cavité buccale, exactement comme dans le sifflet.

Les séries de tons sont d'autant plus graves que les diamètres des orifices sont plus grands.

Ces appareils permettent une modulation aussi juste et aussi rapide que celle qu'on détermine à l'aide de la glotte labiale.

En ajustant des tuyaux de verre à des plaques minces de métal, bois ou ivoire, et percées à leurs centres d'un orifice circulaire, on obtient, en soufflant dans le tube par l'ouverture opposée au disque, des sons de sifflet très purs, lorsque la capacité du tuyau renforçant est dans un certain rapport avec les dimensions de l'orifice de la plaque et la pression de l'air qu'on peut obtenir. On ne réussit pas à faire entrer en vibration toute espèce de tuyaux avec une même plaque. Le tuyau parle en aspirant ou en expirant l'air.

Tous ces faits sont la conséquence des expériences du même auteur sur l'écoulement des gaz, et par conséquent faciles à expliquer.

Lorsque les disques sont concaves, les phénomènes d'écoulement sont modifiés ; et tel disque, qui produit un son quand on le place dans la bouche, lui ou son tube additionnel et qu'on souffle du côté concave, n'en donne plus quand on pousse l'air du côté convexe, ou qu'on aspire l'air par cette face ; pour d'autres disques, c'est l'inverse. Il n'y a rien dans ces faits qui doive surprendre : ils prouvent que les vitesses d'écoulement ou les phénomènes de mouvement de l'air sont plus ou moins modifiés par la forme des plaques ; c'est là un point que A. Masson traitera dans un prochain mémoire.

Lorsqu'un disque est adapté à un tube, et qu'on a placé la plaque dans la bouche, de telle sorte qu'elle se trouve entre la cavité buccale ou l'appeau siffleur et le tube, on parvient à mettre le premier très facilement et très rapidement à l'unisson du second, ce qui permet d'obtenir ou des sons de l'appeau seul, ou des sons de l'appeau et du tube, et quelquefois des sons de l'un et de l'autre en même temps. Par ce procédé, on peut faire produire à la colonne d'air des tuyaux plusieurs de ses harmoniques, soit en aspirant, soit en poussant l'air dans le tube avec la bouche ; tandis qu'en bien soufflant dans le tube directement par l'ouverture opposée au disque on n'obtient qu'un son.

La nature de l'orifice et sa forme sont sans influence sur la cause qui engendre le son. A. Masson a construit des sifflets avec des lames rectangulaires de gomme élastique, qu'il a roulées sur elles-mêmes de manière à former un bourrelet cylindrique de 1 à 2 millimètres de diamètre à une extrémité ; puis, après avoir coupé longitudinalement le caoutchouc suivant une ligne perpendiculaire au bourrelet, il a soudé les bords pour former un tube ouvert aux deux bouts, et dont un orifice, circulaire et formé par le bourrelet, présente l'aspect d'un sphincter, et imite la glotte labiale lorsqu'on souffle.

Avec ces tubes on n'obtient pas toujours un son ; il est nécessaire de régler la longueur du tube pour lui faire rendre l'unisson d'un son que l'orifice peut produire dans les limites de la pression exercée par l'air expiré. Il est possible, avec ces tubes siffleurs, d'avoir des sons par aspiration et par expiration : ce sont des appeaux dont un orifice a le diamètre du tube. Masson possède une série de ces appareils dans différents tons. Avec chacun d'eux on n'obtient qu'un son, parce que leurs harmoniques très aigus exigeraient, pour leur production, une pression beaucoup plus forte.

L'appareil siffleur de l'homme est très exactement représenté par les tubes siffleurs qui viennent d'être mentionnés.

Il résulte des faits précédemment énoncés, que l'instrument siffleur de l'homme est assimilable à un appeau, dans lequel les orifices, la cavité, la tension des parois et la pression de l'air peuvent instantanément varier à la volonté de l'individu, et donner lieu à une série de sons très étendus par le seul mouvement oscillatoire qu'éprouve l'air sortant, en quantité périodiquement variable, par l'orifice antérieur ou *glotte labiale*. La cause du son est donc, dans ce cas, la même que dans tous les instruments à vent artificiels. Sa hauteur est due à la pression de l'air et son intensité à la masse de fluide qui s'écoule. Les sons deviennent d'autant plus aigus que l'orifice est plus petit, à cause de l'accroissement de pression qui est la conséquence du rétrécissement de l'ouverture. Il ne faut pas oublier que le son, obtenu pour un orifice d'une certaine dimension et une pression d'air convenable, reste le même quand on augmente la pression de l'air jusqu'à une certaine limite et que, dans ce cas, l'intensité du son augmente avec la force élastique du gaz.

Masson a observé que l'étendue de son, dans le sifflet, comprend plus de deux octaves. Deux expériences ont donné :

Vibrations.	Sons.	Vibrations.	Sons.
1280	mi_4	1316	fa_4^b
6400	$sol\#_6$	8533	$ut\#_7$

Les différents moyens, employés par l'homme pour siffler, s'expliquent également dans la théorie qui vient d'être exposée. Nous en dirons quelques mots.

a. On peut siffler, en formant une ouverture très étroite avec les dents plus ou moins serrées les unes contre les autres ; la langue ferme la cavité buccale en s'appuyant, d'une part, contre le palais, et, de l'autre, contre les dents inférieures.

b. Plusieurs personnes produisent facilement des sons de sifflet très aigus et très intenses, à l'aide du procédé suivant : elles superposent les doigts index et médius de chaque main ; puis elles mettent en contact les extrémités des médius de manière à former un V, dont la pointe appliquée sur la langue replie cet organe jusqu'au fond de la bouche. Cet instrument est serré entre les lèvres et l'on souffle fortement. Alors on a une sorte d'appeau dont le tuyau est la capacité comprise entre les doigts placés dans la bouche et l'embouchure sifflante, c'est-à-dire l'ouverture que laissent les lèvres serrées l'une contre l'autre.

c. On juxta-pose les mains pour former un tuyau bouché par le bas ; à la partie supérieure, les pouces, placés parallèlement, laissent entre eux une fente qu'on ferme en partie en appuyant les lèvres sur l'une des moitiés. En soufflant dans la cavité, on obtient des sons d'une grande pureté et beaucoup plus graves que dans le sifflet. En variant la cavité, on fait rendre plusieurs sons à l'appareil.

d. On plie tous les doigts de la main droite, par exemple, et cela forme une cavité ouverte vers le pouce, contre lequel on applique les lèvres ; en soufflant fortement et dans la direction parallèle au pouce, on obtient des sons d'une intensité extraordinaire.

Dans ces deux derniers appareils, l'orifice de sortie est situé à côté de l'ouverture d'admission de l'air.

e. Dodart (1) cite un moyen de siffler, que nous n'avons pu jusqu'à présent reproduire, en appliquant la pointe de la langue contre le palais. L'ouverture sifflante est appelée par lui *glotte linguale*.

La théorie est ici la même que celle du sifflet ordinaire.

Voix de l'homme.

Physiciens et physiologistes ont proposé bien des théories différentes sur la voix de l'homme. Nous croyons devoir exposer et discuter au moins les principales, avant de faire connaître celle que nous regardons comme la plus rationnelle de toutes.

______

(1) *Mém. et rec. cit.*

Théorie de Dodart. — Quand on prend connaissance des diverses appréciations qu'on a données des travaux de Dodart sur la voix humaine, on ne saurait se défendre d'une certaine surprise en voyant que les idées les plus opposées, les plus disparates, sont attribuées à cet auteur. Mais la surprise cessera bientôt pour ceux qui voudront lire et méditer ses mémoires avec une scrupuleuse attention, car ils y trouveront les germes des diverses théories qui ont été proposées. Toutefois, finalement, on constate que Dodart, n'ayant jamais pu se mettre d'accord avec lui-même, est arrivé de contradictions en contradictions à la théorie des cordes vocales, ordinairement attribuée à Ferrein.

Désirant nous débarrasser, tout d'abord, des théories nuisibles aux progrès de la question qui nous occupe, on nous pardonnera les détails dans lesquels nous allons entrer, quelque défavorables qu'ils soient à des opinions généralement accréditées.

Dodart a publié, sur la voix humaine et le sifflet naturel, plusieurs mémoires, dont il résume ainsi les principes (1) :

« 1° S'il est vrai, comme on n'en peut douter, que la glotte soit le principal organe de la voix, elle en est l'organe unique et l'âpre-artère n'y peut avoir aucune part formelle.

» 2° Si l'âpre-artère n'a pas, à l'égard de la glotte, l'usage du corps d'une flûte à l'égard de sa languette, la bouche doit avoir, à l'égard de la glotte, l'usage du corps d'un autre instrument à vent d'une espèce inconnue en musique.

» 3° La bouche et les narines n'ont nulle part à la production de la voix, mais contribuent beaucoup au son de la voix, c'est-à-dire à sa force et à son agrément.

» 4° La bouche ne fait rien à la production des tons, mais il est évident qu'elle les favorise en s'y proportionnant.

» 5° Les proportions de la concavité de la bouche avec les tons sont très probablement des proportions harmoniques.

» 6° L'usage de la bouche, en ceci, n'a nul rapport à celui des corps de flûte ni du hautbois, ni à celui du corps des jeux d'orgue à biseau.

» 7° Il n'a nul rapport à l'usage de la plupart des tuyaux des jeux d'anche de l'orgue, hors ceux d'un seul de ces jeux et seulement pour le corps du tuyau et non pour l'anche.

» 8° La glotte seule fait la voix et tous ses tons.

» 9° *La glotte n'est pas une anche.*

» 10° Son usage ne peut être expliqué par celui de l'anche du hautbois et beaucoup moins par les anches de l'orgue, ni par aucun instrument à vent qui soit en usage pour la musique. »

Comme preuves des assertions précédentes, Dodart les fait suivre de principes d'acoustique qu'il énonce en ces termes :

« La voix est un son, et tout son est l'effet d'un air battu violemment. La matière de la voix est l'air contenu dans les poumons, poussé de bas en haut et de dedans en dehors. — Le résonnement de quelque son que ce soit, et, par conséquent, celui de la voix suppose la voix déjà formée, et n'est que la suite du son. Les corps résonnants, qui sont visibles, sont ceux qui, étant frappés par l'air porteur du son, sont capables de réflexion et de ressort, et par conséquent de vibrations. — Les corps sonnants et résonnants visibles sonnent et résonnent suivant leur dimension en longueur. C'est cette dimension qui leur donne le ton. — Les corps résonnants

____

(1) *Sur les causes de la voix de l'homme et de ses différents tons.* Dans *Mém. de l'Acad. des sciences de Paris,* année 1700, p. 246 et suiv.

résonnent particulièrement selon l'égalité ou les proportions harmoniques de leurs dimensions , c'est-à-dire de leur ton , avec le son auxquels ils répondent, et ils y répondent plus ou moins, selon le degré de cette proportion , depuis l'unisson et les proportions harmoniques les plus proches jusques aux proportions harmoniques les plus éloignées. »

De cet exposé, il est permis de conclure que Dodart admet que tout son a pour cause un choc ou une impulsion initiale, imprimé à un corps quelconque, mais qu'en général un son ne reçoit le ton qui le caractérise que des vibrations d'un corps résonnant qu'il rencontre dans son mouvement de propagation. Un son produit dans un corps solide peut, en s'y propageant, acquérir un certain ton dépendant de la longueur de ce corps qui est alors sonnant et résonnant.

Pour bien préciser la pensée de Dodart, qui, malgré son obscurité, sert de base à toute sa théorie, nous citerons avec lui l'exemple suivant (1) :

« Il est certain que l'anche du hautbois a part non au ton de cet instrument, qui vient tout entier de la longueur précise du hautbois, mais seulement au son, puisque, sans anche, il ne parlerait pas. C'est donc l'anche qui lui donne le son, mais point du tout le ton, puisque l'instrument ne parle qu'au ton de sa propre longueur et point du tout au ton de la longueur et profondeur de son anche, car le ton de l'anche est infiniment éloigné de celui de l'instrument. »

On pourrait, en interprétant convenablement les paroles de Dodart, les rendre parfaitement conformes aux idées généralement admises aujourd'hui sur les vibrations des corps ; mais nous le mettrions en contradiction avec lui-même dans la suite de son travail.

Maintenant résumons la théorie de cet auteur sur la voix, telle que nous l'avons comprise et telle qu'elle nous a paru résulter des principes précédents :

1° Le son de la voix est produit par le choc de l'air, lancé à travers la glotte, sur l'air dormant extérieur.

2° Le ton de la voix a pour cause les vibrations des lèvres de la glotte, vibrations dont le nombre dépend non pas de leur dimension, mais de leur tension et de la vitesse de l'air sortant.

3° L'intensité des sons de la voix résulte de la quantité d'air qui s'échappe par la glotte, et par conséquent de la grandeur de son ouverture.

Telle est, suivant nous, l'opinion vraie de Dodart sur la voix, et cette opinion n'est pas celle qu'on lui attribue généralement.

Par de nouvelles citations empruntées à ses mémoires, il nous sera facile de prouver qu'en effet nous avons saisi sa pensée, qui consiste à faire de l'organe vocal un instrument à anches et à cordes, ce qui comprend les deux théories proposées par les divers auteurs, et nous explique la divergence de leurs critiques sur Dodart :

» Le canal extérieur (la bouche et les narines) ne fait rien au ton, dit cet observateur, et tous les tons viennent de la seule anche de l'homme, c'est-à-dire de la glotte.

» La seule ouverture de la glotte fait tous les tons ; on la compare ordinairement à l'anche du hautbois, et l'on a raison si l'on ne considère que l'ouverture de l'une et de l'autre. Mais, comme l'effet de l'anche du hautbois vient au moins autant de son ouverture que de sa profondeur, cette comparaison n'expliquera jamais l'usage de la glotte (2). »

(1) *Loc. cit.*
(2) P. 256. *Rec. et l. cit.*

D'ailleurs, comme nous l'avons dit, d'après Dodart, l'anche du hautbois ne donne pas le ton.

« On ne peut expliquer (1) les usages de la glotte par la seule dimension des vibrations de ses lèvres. Car elles ont trop d'épaisseur, dans une si petite étendue, pour être capables de vibrations proportionnées au grand effet de cette ouverture, puisque ces vibrations, jointes à certaines ouvertures, peuvent correspondre au ton d'un tuyau de 8 pieds de long.

» On ne peut comparer la cause qui met en branle les lèvres de la glotte qu'à celle qui fait résonner cette espèce d'instrument qui résulte de l'effet d'un vent impétueux donnant dans le papier entr'ouvert qui joint un châssis mal collé avec la baie d'une fenêtre. J'appellerai cet instrument *châssis bruyant* (2).

» Dans cet appareil, tous les tons sont produits par le seul mouvement d'un vent violent et par les seuls degrés d'une vitesse inégale, la moindre produisant les tons de basse les plus bas, et la plus grande ceux de dessus les plus hauts, et tout cela par une seule ouverture et par ses différentes vibrations. »

Il est clair, pour tout le monde, que cette théorie est celle des anches membraneuses de J. Müller. Mais il faut faire observer que, suivant Dodart, les vibrations de la lame de papier ne produisent pas le son, et que celle-ci vibre seulement pour donner le ton en modifiant les vibrations du son initial. Les vibrations de la lame de papier ne sont pas déterminées par la nature de ses dimensions : elles dépendent de la vitesse de l'air.

C'est toujours cette distinction du son et du ton déterminés l'un et l'autre par des causes différentes, qui change entièrement la signification des théories données par Dodart, quoiqu'elles paraissent exposées de la même manière que dans les ouvrages postérieurs aux siens. Nous avons dit, en effet, avec J. Müller, que dans les anches membraneuses les vibrations étaient modifiées par la vitesse de l'air.

Cette théorie du châssis bruyant, qui fait la base de la théorie de la voix, revient souvent, et toujours avec les mêmes expressions, dans les ouvrages de Dodart. Cet auteur établit, entre le châssis bruyant et la glotte, les différences suivantes qui serviront à mettre son opinion en toute évidence.

Après avoir déclaré que *la glotte n'est pas une anche*, il dit, p. 258 : « Il ne peut y avoir de vibrations dans la glotte, qui est une espèce singulière d'anche, que celles des lèvres. Ces vibrations sont causées par le frôlement de l'air qui s'échappe avec violence entre ces lèvres, et ces vibrations doivent être diversifiées par les différents degrés d'approche ou d'éloignement mutuel de ces lèvres diversement bandées ou contrebandées pour cet effet.

« On ne voit que la seule ouverture de la glotte (p. 259) jointe aux vibrations des lèvres plus ou moins pressées à proportion qu'elles sont plus ou moins bandées, qui puisse produire les tons de la voix. Il existe entre le châssis bruyant et la glotte ces différences : 1° L'ouverture du premier étant constante, l'intensité du son croît nécessairement avec le ton, puisque la quantité d'air qui passe par l'ouverture constante augmente avec la vitesse. Cela n'existe pas dans la voix humaine, dont les tons peuvent rester les mêmes en augmentant d'intensité, parce que la glotte est capable de s'ouvrir et de se refermer pour un même ton, et la poitrine

(1) P. 257. *Ibid.*
(2) P. 258. *Rec.* et *t. cit.*

capable de pousser l'air avec plusieurs degrés de force. Ainsi, on doit présumer que les différents degrés d'ouverture des lèvres de la glotte produisent les différents tons et voici comment :

» La glotte n'est capable que d'une seule modification : cette modification est l'approchement ou l'éloignement mutuel de ses lèvres ; ce doit donc être par là qu'elle produit les différents tons de la voix. Cette modification comprend deux circonstances : l'une capitale et première pour la production de la voix, l'autre qui n'est qu'une conséquence nécessaire et si infaillible que la première ne peut être sans la seconde. La première est que les lèvres, depuis le plus bas ton jusqu'au plus haut, se bandent de plus en plus ; la seconde, que plus elles se bandent, plus elles s'approchent.

» Il s'ensuit de la première que leurs vibrations sont d'autant plus fréquentes qu'elles approchent de leur ton le plus haut, et que la voix sera juste quand les deux lèvres seront également bandées, et fausse quand elles le seront inégalement ; *ce qui s'accorde parfaitement avec la nature des instruments à cordes*. Il s'ensuit de la seconde que plus elles hausseront le ton, plus elles s'approcheront, ce qui s'accorde parfaitement *avec les instruments à vent gouvernés par des anches. Les degrés de contention dans les lèvres sont la première et principale cause des tons.* »

On ne comprend pas, en lisant ce passage, que des physiologistes aient avancé que Dodart ne faisait jouer aucun rôle aux cordes vocales dans la phonation.

Je ferai remarquer, de nouveau, que Dodart assimile l'organe de la voix à un instrument à corde et à anche, et qu'il est en contradiction manifeste avec ce qu'il a avancé plus haut, en rendant solidaires l'ouverture de la glotte et la tension de ses lèvres, puisqu'il ne peut changer l'intensité d'un son sans altérer sa hauteur, c'est-à-dire modifier l'ouverture de la glotte sans troubler la tension des lèvres. Par une nouvelle contradiction (p. 264), il regarde comme certain que les différentes ouvertures de la glotte produisent ou au moins accompagnent inséparablement différents tons, que la diminution de l'ouverture hausse le ton de la *glotte* et des *anches*, et que l'augmentation de cette ouverture baisse le ton. Il cite, à ce sujet, les divers sons produits par une simple embouchure de hautbois dont l'ouverture varie.

Ne pouvant expliquer les variations d'intensité d'un même son en admettant, ce qu'il désirait vivement, que la seule ouverture de la glotte produit les sons et leurs tons comme dans l'anche du hautbois, Dodart fait intervenir les vibrations des lèvres de la glotte ; et ces deux causes pour un même effet ont jeté notre auteur dans des impossibilités et des contradictions desquelles il ne peut sortir.

« La seconde merveille de la glotte, dit Dodart (1), qui fait la troisième différence avec le châssis bruyant, est d'avoir été rendue capable non seulement de produire tous les tons de l'étendue de la voix, mais encore tous les degrés de fort et de faible dans chacun de ses tons, et cela par le même expédient de rendre la glotte capable de s'étrécir et de se dilater, et voici comment : le son dépend de la vitesse ; le ton, du degré de la vitesse de l'air s'échappant par la glotte, et de l'*intervalle de ses vibrations* ; la force, de la quantité de l'air augmentée ; la faiblesse, de la quantité de l'air diminuée.

» Comment donc peut-on conserver le même ton et augmenter la quantité de l'air ? Car une plus grande quantité d'air passant par la même ouverture doit passer plus vite, et par conséquent augmenter le ton. Or, nous supposons que le ton

(1) P. 265.

est toujours le même, que le son soit plus fort ou qu'il soit plus faible. C'est que la glotte se dilate pour laisser échapper plus d'air et se resserre pour en laisser échapper moins, et se dilate précisément autant qu'il faut pour passer du fort au faible sans changer le ton. Car il est absolument indifférent, pour la vitesse de l'air, ou que plus d'air se présente à la glotte dilatée autant qu'il faut pour laisser passer cette quantité d'air de la même vitesse qu'auparavant passant du faible au fort, ou de la serrer précisément autant qu'il faut pour conserver le même degré de vitesse à une moindre quantité d'air passant du fort au faible. »

Tout en comparant, dans ce passage, l'organe vocal au châssis bruyant, Dodart abandonne l'influence des vibrations des lèvres de la glotte, et semble admettre que, dans la voix, le son est produit par la sortie de l'air à travers la glotte : le ton est occasionné par sa vitesse, et par conséquent sa pression à la sortie, et l'intensité pour chaque ton dépend de la quantité d'air, et conséquemment de l'ouverture de la glotte.

Dans cette autre voie, Dodart rencontre de nouvelles difficultés ; il ne peut combiner le ton et l'intensité. Sacrifiant alors ce dernier élément, il arrive à cette solution définitive par la comparaison de la glotte et de l'anche du hautbois :

« Le son est produit par la sortie de l'air à travers la glotte.

« Le ton est le résultat du degré de vitesse de l'air déterminé par le rétrécissement ou la dilatation de la glotte occasionnée par la contention des lèvres de cet orifice, qui vibrent à l'unisson du son produit par l'air et sous son influence. »

Cette dernière théorie est nettement exposée plus loin (1) :

« La difficulté est de savoir si j'avais eu raison de dire que la seule ouverture de la glotte fait le son, et, par sa dilatation et son rétrécissement, les tons de la voix. Un savant homme de mes amis n'en convient pas. Il ajoute à l'ouverture de la glotte les vibrations de ses lèvres... »

Comme s'il craignait d'être trop précis et trop clair, Dodart ajoute :

« Nous convenons pour ces deux causes, qui dans le fond n'en font qu'une. »

L'explication et la figure qu'on trouve dans la note de laquelle est extrait le passage précédent nous confirment dans le résumé que nous avons donné relativement à la dernière opinion de Dodart. Celle-ci a été admise par Ferrein, dans le mémoire duquel se trouve une réfutation très complète de la théorie de Dodart. Il avance, en effet, que si les tons ne dépendaient que de l'ouverture de la glotte, et par conséquent de la vitesse de l'air, on ne pourrait pas faire varier l'intensité et le ton par la même cause ; car il serait impossible de faire varier la quantité d'air sortant, sans changer l'ouverture de la glotte, par suite la vitesse de l'air et le ton.

Ainsi cette dernière théorie de Dodart est inadmissible. Voyons la première, qu'il a nettement exprimée dans son mémoire sur l'organe du sifflet humain (2), qu'il compare à l'organe vocal. Le son, sa hauteur, son intensité, sont le résultat de la sortie de l'air par la glotte vocale ou labiale, de sa pression ou vitesse, de sa quantité.

Cette manière d'envisager la production du son ne nous paraît pas plus admissible que la première par les raisons suivantes :

1° Si la pression de l'air suffit pour produire tous les tons, l'ouverture de la glotte, contrairement à l'opinion de Dodart, n'exerce une influence marquée que sur l'intensité, et l'on pourra produire des sons divers, mais d'intensités différentes, avec une même ouverture de glotte, l'intensité dépendant uniquement des

(1) *Mém. et rec. cit.*, p. 284.
(2) *Loc. cit.*

efforts de poitrine. Il en résultera dès lors que les lèvres de la glotte pourront être tendues et détendues pour un même son, et que leur tension n'aura aucune influence sur le son et en restera indépendante. Un son grave pourra être produit par une petite et une grande ouverture de la glotte. Ces conséquences de la théorie de Dodart étant contraires aux faits observés et admis par ce physiologiste, entraînent forcément le rejet de son opinion.

Nous ajouterons encore que la respiration serait impossible dans l'une ou l'autre théorie de cet auteur.

Pour les sons peu intenses et exigeant peu d'air, il faudrait régler la respiration et la retenir, tandis qu'on serait bientôt hors d'haleine pour les tons aigus et intenses ; le poumon serait seul le régulateur des sons et devrait nécessairement être lié par quelques conditions aux mouvements de la glotte, puisque les actions de l'un seraient solidaires des actions de l'autre.

Après avoir admis et confondu successivement tous les principes des théories possibles de la voix, Dodart, égaré dans un dédale de contradictions, avoue ainsi son impuissance de résoudre complétement le problème :

« Après tout ce qui a été dit, il resterait encore à rendre raison : 1° de la force de la voix humaine, qui semble être au-dessus de toutes proportions, comparée avec les dimensions de son canal et de son anche ; 2° de ses tons qui semblent n'être pas suffisamment expliqués par l'ouverture de la glotte et par les *vibrations de ses lèvres* (page 190). »

Ainsi presque tout reste à expliquer. Aussi Dodart ajoute-t-il dans une note page 292 : « Je reviens donc à dire, comme dans le mémoire, que la complication de l'ouverture de la glotte et du ressort des lèvres bandées peut rendre les tons indépendants et de la profondeur du canal et de la longueur des cordes ; car le seul brisement de l'air suffit pour le son, et l'air, mû de vitesse dans l'air, le peut briser suffisamment pour produire un son, et assez différemment pour produire les tons.

» Savoir comment tout cela fait une sensation, c'est moins une question qu'une espèce de mystère physique qu'on démontrera inconcevable en nature : cela me suffit. »

Enfin, et cela pourra paraître étrange, Dodart, après avoir examiné (page 291) la possibilité d'obtenir des sons graves avec des cordes très courtes, mais d'une certaine nature, revient à son instrument de prédilection, le châssis bruyant, et termine par la théorie des anches telle qu'elle est admise par J. Müller.

« Il est dit, dans le mémoire, que le châssis bruyant est ce qui ressemble le mieux à l'organe de la voix. Il faut donc que, dans l'instrument de la voix de l'homme, *les vibrations des lèvres de la glotte donnent le son*, comme l'anche le donne au corps du hautbois, et que les quantités et les vitesses de l'air mû à travers la glotte donnent les tons et dominent les frémissements de la glotte, comme les dimensions du hautbois dominent les frémissements de son anche et forment les tons de l'instrument. »

Théorie de Ferrein. — Cet auteur a résumé, en termes très précis, une théorie assez semblable à celle que Dodart adopte à la fin de son mémoire :

« J'ai cru trouver, dit Ferrein (1), dans les lèvres de la glotte des cordes capa-

____

(1) *De la formation de la voix de l'homme.* Dans *Mém. de l'Acad. des sc. de Paris*, p. 416, année 1741.

bles de trembler et de sonner comme celles d'une viole ; j'ai regardé l'air comme l'archet qui les met en jeu, l'effort de la poitrine et des poumons comme la main qui fait promener l'archet, et je me suis servi de ce principe pour expliquer la force de la voix, la diversité de ses tons, et beaucoup d'autres phénomènes dont la cause avait paru jusqu'à présent se dérober à nos connaissances. »

Frappé de la difficulté d'expliquer l'intensité de la voix humaine par les seules vibrations des lèvres de la glotte, Ferrein a cru compléter sa théorie en disant que l'organe vocal est *un instrument à corde et à vent.*

On ne peut voir qu'une subtilité dans cette définition de l'organe vocal, car Ferrein n'examine nulle part le rôle de l'air dans le renforcement des sons ; pour lui, la glotte est formée par des cordes qui vibrent par l'action de l'air expiré des poumons agissant, dans ce cas, comme un archet. Dans son travail, il s'occupe des sons que peuvent rendre les ligaments inférieurs de la glotte, soit lorsqu'ils conservent leur connexion avec les parties qui les environnent, soit lorsqu'ils sont libres dans toute leur longueur et ne tiennent plus au reste de l'organe que par leurs extrémités. Il ne parle ni des ligaments supérieurs de la glotte, ni des ventricules du larynx.

La grande erreur de Ferrein, avec laquelle tombe nécessairement sa théorie, consiste dans cette idée qu'une corde, ébranlée par l'air, produit des sons plus intenses et plus graves que si elle est ébranlée avec un archet. Ainsi nous signalerons cette contradiction singulière, que l'air agit mécaniquement comme un archet, mais qu'il doit néanmoins comme fluide élastique faire produire à la corde des sons autres et plus intenses qu'avec un simple archet. Ces idées ne sont pas soutenables. Quel que soit, en effet, le moyen mécanique mis en jeu pour ébranler une corde, celle-ci obéira toujours aux mêmes lois ; ce que Ferrein a parfaitement admis lorsqu'il ajoute (page 413) « que les différents tons sont produits par les tensions diverses que les cordes vocales, dépourvues d'une contraction musculaire, éprouvent de la part des cartilages du larynx. »

En admettant, avec Ferrein, que les cordes vocales ne sont pas contractiles, on arrive avec lui aux conséquences suivantes : l'ouverture de la glotte diminue quand la tension augmente, elle s'agrandit quand les cordes se détendent, et cette variation d'ouverture exige, pour les sons graves, beaucoup plus d'air et des efforts de poitrine plus énergiques que pour les sons aigus, ce qui n'a pas lieu dans la phonation.

L'insertion des cordes vocales sur les parois molles du larynx établit une grande différence entre l'organe vocal et l'appeau à ruban auquel Ferrein l'a comparé. Il est impossible, en effet, d'admettre que des cordes, collées sur des lames flexibles, vibrent comme si elles étaient libres. Enfin, l'espèce d'instrument artificiel que choisit ce physiologiste, pour imiter la voix, semble indiquer qu'il n'attachait aucune importance, ou au moins qu'une importance très secondaire, à la présence de deux paires de cordes vocales.

Il faut rejeter aussi, comme contraire aux faits, qu'une corde à égalité de tension doit produire des sons différents quand on change la vitesse du courant d'air, et que dans les cordes ordinaires on peut hausser le ton en pressant l'archet (page 419).

Ferrein a observé, dans des larynx de cadavres, que le son montait quelquefois quand on augmentait la vitesse de l'air. Cela est vrai ; mais inexplicable dans sa théorie.

78 DE LA VOIX.

Nous rapporterons, en terminant, les observations de Biot à ce sujet (1) : « Qu'y a-t-il, dit ce célèbre physicien, dans la glotte qui ressemble à une corde vibrante ? Où trouverait-on la place nécessaire pour donner à cette corde la longueur qu'exigent les sons les plus graves ? Comment pourrait-on jamais en tirer des sons d'un volume comparable à ceux que l'homme produit ?.... Les plus simples notions d'acoustique suffisent pour faire rejeter cette étrange opinion. »

Quelle que fût, en effet, la nature des cordes ou bandes dont les dimensions n'excéderaient pas celles des cordes vocales, on ne parviendrait jamais, par aucun moyen mécanique, à obtenir des sons comparables, pour l'intensité et l'étendue, à ceux de la voix humaine.

Ferrein a fait beaucoup d'expériences sur des larynx de cadavres ; mais plusieurs d'entre elles ont été contredites par d'autres observateurs, et quelques unes sont, d'après leur auteur lui-même, très incertaines.

On ne saurait attacher une grande importance à ces expériences plutôt physiques que physiologiques. Il est impossible de comparer les effets sonores obtenus à l'aide de larynx morts avec ceux qu'on peut observer sur l'animal vivant. Les fibres musculaires dépourvues d'élasticité et de contractilité agissent à la manière de membranes ou de cordes molles, tendues et allongées seulement par des moyens mécaniques, et les parois des tuyaux sonores privés de vie ne peuvent plus acquérir la tension qui convient aux sons qu'on veut produire. Il nous paraît impraticable de déterminer, à l'aide de pareilles expériences, le véritable mécanisme des parties nécessaires à la production des sons.

Théorie de J. Müller (2). — On ne trouve entre cette théorie et celle de Ferrein qu'une différence de mots. Le physiologiste allemand appelle *rubans vocaux* ce que Ferrein a nommé *cordes* après avoir aussi employé le nom de *rubans*. Prenant, avec sa signification absolue, la dénomination de *cordes vocales*, usitée par son prédécesseur pour désigner les replis inférieurs de la glotte, J. Müller préfère les désigner sous le nom d'*anche*, parce qu'elles ressemblent plus à des rubans qu'à des cordes. Nous n'avons compris ni cette subtilité, ni la différence qu'il prétend établir entre les vibrations des cordes et celles des lames membraneuses : quelle que soit la forme des lanières tendues, qu'elles soient cylindriques ou aplaties, elles vibreront toujours suivant les mêmes lois, et, entre les deux physiologistes précédents, c'est une question de mots. Pour tous les deux, la voix est produite uniquement par les vibrations des ligaments vocaux inférieurs (rubans vocaux, cordes vocales, anches membraneuses) mis en mouvement par le passage de l'air agissant mécaniquement et à la manière d'un archet.

J. Müller n'a rien ajouté à la théorie du physiologiste français.

C'est aussi ce que nous pensons de Malgaigne qui, sous le titre de *Nouvelle théorie de la voix humaine* (3), adopte la théorie de Ferrein en ajoutant seulement deux membranes, au lieu d'une, à l'appeau de polichinelle, auquel Ferrein avait assimilé l'organe vocal de l'homme.

(1) *Ouv. cit.*, t. I, p. 462, 2ᵉ édit.
(2) *Manuel de physiol.* Trad. de JOURDAN avec additions par LITTRÉ, t. II.
(3) Dans *Arch. génér. de méd.* 1834.

Théorie de Dutrochet (1). — Ce physiologiste admet, en la modifiant d'une manière peu heureuse, la théorie de Ferrein qui considérait les cordes vocales comme formées d'un tissu élastique, sans contractilité, et comme ne pouvant être distendues que par les actions purement mécaniques des cartilages du larynx.

Les objections très fondées que Dutrochet adresse à Ferrein l'ont conduit à la théorie suivante :

« L'organe vocal est un instrument vibrant non compliqué de tuyau.

» Les muscles thyro-aryténoïdiens, et non les membranes aponévrotiques qui les recouvrent, sont les parties vibrantes du larynx. Les aponévroses laryngées n'ont d'autre usage que de garantir les muscles qu'elles recouvrent des collisions trop fortes qu'ils auraient éprouvées s'ils eussent vibré l'un contre l'autre, dépourvus de cette enveloppe qui est passive et seulement entraînée dans les mouvements vibratoires des muscles qui constituent les replis de la glotte. »

Nous n'examinerons pas, avec Dutrochet, comment les cordes vocales s'allongent, se tendent ou modifient leur élasticité pour produire tous les tons de la voix ; car, malgré notre respect pour le mérite de ce savant, nous ne croyons pas devoir discuter de nouveau la théorie des cordes vocales, et encore moins les additions qu'il y a faites, parce qu'elles reposent sur le principe suivant qui est absolument faux :

Une corde élastique filée, c'est-à-dire entourée d'une autre substance, n'éprouve aucun changement dans les lois de ses vibrations de la part de cette substance, qui est seulement passive et entraînée dans les mouvements vibratoires de la corde. Ainsi, le cuivre qui entoure une corde à boyau, dans les cordes filées de nos instruments, ne ferait pas système avec cette corde et n'en changerait pas le ton pour une même tension. Toutes ces assertions sont erronées ; elles sont encore bien moins applicables quand il s'agit d'une corde fixée sur une membrane et non enveloppée par elle.

Liskovius (2) compare la voix humaine aux sons qui se produisent quand l'air est violemment poussé à travers une ouverture étroite, sans oscillation d'un corps solide de grandeur et de forme déterminées. La hauteur du ton dépend de la grandeur de l'ouverture et de la vitesse du vent. Le ton est d'autant plus élevé que l'ouverture est plus étroite et la pression du vent plus grande, et *vice versâ*. Le ton peut s'élever de plus d'une quinte par la force du vent. La cause des sons de la voix est dans le passage de l'air à travers la glotte. Les ventricules résonnent par communication. Pour la *voix de poitrine*, les cordes vocales sont relâchées ; elles sont tendues pour la *voix de fausset*.

On pourrait être tenté d'attribuer à Dodart, à son châssis bruyant, cette théorie de Liskovius : mais ce serait à tort, car l'auteur allemand regarde comme nulles ou sans influence les vibrations des bords de la glotte.

Dans un travail plus récent, Liskovius (3) considère l'organe vocal comme un instrument à anches, dans lequel les ventricules déterminent les tons en renforçant le son. Il admet la théorie ordinaire des anches et ne les croit pas capables

---

(1) *Mémoires pour servir à l'histoire anatomique et physiologique des végétaux et des animaux*, t. II, p. 540.

(2) *Dissert. physiol. sistens theoriam vocis*. Leipzig, 1814.

(3) *Physiol. des menschl. Stimme*, etc., p. 39. Leipzig, 1846.

de rendre par elles-mêmes les sons intenses de la voix. Suivant lui, tous les éléments des ventricules sont le siége des oscillations sonores primordiales et originelles.

Théorie de Savart (1). — F. Savart considère l'organe vocal, composé du larynx, de l'arrière-bouche et de la bouche, comme un tuyau conique dans lequel l'air est animé d'un mouvement analogue à celui qu'il affecte dans les tuyaux d'orgue. Ce tuyau, dit l'auteur, jouit de toutes les propriétés nécessaires pour que la masse d'air qu'il renferme soit susceptible, malgré son peu de volume, de rendre un assez grand nombre de sons, même fort graves ; sa partie inférieure est formée par des parois élastiques qui peuvent affecter toute sorte de tensions, tandis que la bouche, en s'ouvrant plus ou moins, et en changeant par conséquent les dimensions de la colonne d'air, exerce aussi une influence notable sur le nombre des vibrations, conjointement avec les lèvres qui, en se rapprochant ou en s'écartant, transforment à volonté le tuyau vocal en un tuyau conique, tantôt ouvert, tantôt presque fermé.

La seule différence notable qu'il y ait, entre un tuyau à bouche membraneuse et le tuyau vocal, consiste dans le mode d'embouchure qui, pour ce dernier, est analogue à un appeau d'oiseleur à bords supérieurs rentrants. La glotte, ou fente formée par les ligaments inférieurs, joue le même rôle que la lumière dans les tuyaux d'orgue ; le jet d'air qui en sort traverse l'intervalle qui existe entre les ventricules et va frapper contre les ligaments supérieurs qui, quoique arrondis, ne laissent pas de remplir la même fonction que le biseau dans les tuyaux d'orgue : alors l'air, qui est contenu dans les ventricules, entre en vibration et rend un son qui, s'il était isolé, serait sans doute assez faible, mais qui acquiert ensuite de l'intensité, parce que les ondes, qui partent de l'intervalle situé entre les ligaments supérieurs, se propagent dans le tuyau vocal placé au-dessus et y déterminent un mode de mouvement analogue à celui qui existe dans les tuyaux courts et en partie membraneux (2).

Pour que le son définitif, ainsi produit, réunisse toutes les qualités qu'on lui connaît, il faudra que la tension de la partie extensible des parois du tuyau vocal soit dans un rapport convenable avec celle des parois des ventricules, ainsi qu'avec celles des ligaments inférieurs et supérieurs, et que l'étendue des orifices à travers lesquels l'air s'échappe puisse aussi varier et s'approprier convenablement pour donner le meilleur résultat possible.

« D'après l'explication que nous venons de donner du mécanisme de la voix, continue Savart, il est clair que si l'on retranchait les parties supérieures du tuyau vocal, que si on le réduisait même aux seules ventricules, on ne diminuerait pas le nombre des sons que la voix peut parcourir ; les plus graves deviendraient seulement plus faibles. Ceci explique comment on a pu faire de pareils retranchements sur des animaux vivants, sans qu'ils cessassent de faire entendre des sons. L'air, contenu dans les ventricules, pouvant résonner indépendamment de celui qui est dans le tuyau vocal, il est très présumable que, même sans que ce tuyau ait subi aucune altération, certains sons peuvent être produits par les ventricules seuls, particulièrement ceux qui sont arrachés par la douleur et peut-être aussi ceux qu'on fait entendre lorsqu'on chante en fausset. »

(1) *Annales de physique et de chimie.* 2ᵉ série, t. XXX, p. 64.
(2) SAVART, *mém. cit.*

Savart assimile l'organe vocal *de l'homme* à un appeau d'oiseleur surmonté d'un tube renforçant. Le son est produit, comme dans les tuyaux, par le mouvement vibratoire que l'air acquiert en passant à travers la glotte, mouvement conservé ultérieurement par ce fluide, lorsque, se brisant contre les ligaments supérieurs qui agissent comme le biseau d'un tuyau d'orgue, il se divise en deux nappes : l'une intérieure, fait résonner l'air des ventricules ; l'autre extérieure, ébranle l'air du tuyau vocal situé au-dessus des ligaments supérieurs de la glotte.

La théorie de Savart renferme deux parties bien distinctes : la première est relative à la production du son dans le larynx ; la seconde concerne la forme de l'appareil renforçant ou tuyau sonore.

Dans la première partie, l'auteur avance que le son est produit dans le larynx au moyen d'un appareil semblable à un appeau, dont les bords supérieurs sont rentrants. Le son, comme on l'a vu plus haut, aurait pour cause, dans cet instrument, qu'il assimile à un tuyau d'orgue à flûte, le brisement de l'air contre les bords supérieurs, conformément à ce que nous avons dit en traitant des orgues.

Il paraît difficile d'admettre, avec Savart, deux théories différentes de l'appeau, appropriées à ses diverses formes. D'ailleurs, dans beaucoup d'animaux, les cordes vocales supérieures sont très rapprochées des inférieures sur lesquelles elles font même retrait ; en outre, pendant la phonation, la glotte inférieure étant, en général, beaucoup plus étroite que la glotte supérieure, il est peu probable que les lèvres de celle-ci puissent faire l'office de biseaux.

En admettant la théorie précédente, il resterait encore à expliquer la voix chez les animaux qui ont une glotte simple, et chez les oiseaux. Nous avons toute raison de croire que ces idées de Savart ne possèdent pas un caractère suffisant de généralité, et que la voix de l'homme n'est qu'un des phénomènes produits par une cause unique, jusqu'à présent indéterminée.

Dans la deuxième partie, Savart fait intervenir la bouche et l'arrière-bouche comme parties essentielles du tuyau vocal, comme causes de la hauteur des sons vocaux. Il sera démontré plus loin, par des faits, que ces éléments sont sans influence sur le ton.

Toutefois, nous ne saurions terminer l'exposé de la théorie de notre grand physicien, sans exprimer notre conviction qu'il a posé les vraies bases d'une bonne théorie de la voix, dans ses recherches sur l'écoulement des fluides ; et que, sans une mort prématurée, il en aurait dévoilé tous les secrets, en poursuivant ces derniers travaux qu'il a malheureusement laissés incomplets.

Aperçu général sur la voix de l'homme et des mammifères.

Nous avons discuté les principales théories qui ont été proposées pour expliquer la voix humaine ; nous en avons prouvé l'imperfection et souvent l'impossibilité.

Avant d'exposer nos propres idées sur la cause d'un phénomène aussi difficile à pénétrer que celui de la phonation, nous résumerons les faits physiques et physiologiques qui leur servent de base. S'il peut rester quelques doutes sur des détails très secondaires, nous espérons, en rectifiant et complétant les opinions de Savart, établir les véritables principes de la théorie de la voix chez les animaux supérieurs.

A. *Expériences et faits physiques.*

1° Lorsque l'air s'échappe par un orifice de forme, de grandeur et de nature quelconque, son écoulement est périodiquement variable et l'orifice est le siége d'un mouvement oscillatoire du fluide, et par suite de vibrations sonores.

Les sons ainsi produits sont peu intenses, parce que les vibrations communiquées à l'air extérieur, et propagées jusqu'à l'organe de l'ouïe, sont bientôt éteintes par la grande masse du fluide résonnant. Mais, en réglant convenablement la vitesse et la pression de l'air lorsqu'il traverse l'*orifice sonore*, on parvient à obtenir des sons intenses avec de très grandes ouvertures.

2° Si l'on ajuste un tuyau convenable sur un orifice sonore, le son est considérablement renforcé par la colonne d'air à laquelle le fluide qui s'écoule imprime son mouvement vibratoire. Le tuyau vibre à l'unisson du son produit à l'orifice, et peut, dans certains cas, faire entendre plusieurs harmoniques dont la série, grave ou aiguë, dépend de la grandeur de cet orifice et de la pression de l'air.

3° Un son, produit dans un tuyau, sort toujours le même pour une même pression et reste constant quand on augmente cette pression de l'air jusqu'à une certaine limite, après laquelle le son change ou disparaît. L'étendue des limites de pression, pour lesquelles un son reste constant, dépend de la hauteur de ce dernier.

L'intensité du son change seule entre ces pressions-limites, pour croître ou diminuer avec elles.

4° A une ouverture déterminée, correspond toujours un tuyau, de diamètre et de longueur convenables, qui ne peut donner qu'un seul son entre des limites de pression très étendues, au delà desquelles il ne vibre plus.

5° Tout changement, même très peu important en apparence, comme la courbure de la plaque, une légère altération dans l'orifice, une asymétrie des bords relativement à un diamètre donné, modifie toutes les conditions de l'ébranlement sonore. Ainsi sont changées les pressions nécessaires pour faire parler les tuyaux, qui ne donnent plus les mêmes séries d'harmoniques qu'auparavant ; pour obtenir un son unique, il faut d'autres tuyaux, les premiers ne pouvant plus entrer en vibration.

6' Les sons peuvent être engendrés à l'orifice et faire résonner les tuyaux par aspiration ou par insufflation.

7" Les pressions, pour obtenir de très beaux sons dans des tuyaux au moyen de l'écoulement de l'air, sont toujours très faibles. Dans les expériences de A. Masson, avec des orifices de 2 à 7 millimètres de diamètre sur 3 à 5 millimètres d'épaisseur, un manomètre à colonne d'eau a varié seulement depuis une fraction de millimètre jusqu'à un décimètre pour des sons compris dans une étendue de neuf octaves.

8° Les tuyaux à parois membraneuses fournissent des sons beaucoup plus graves que des tuyaux de même dimension à parois rigides ; et, en faisant varier convenablement la tension des membranes qui renferment la colonne d'air vibrante, on peut, son volume restant le même, déterminer de très grands changements dans la hauteur des sons dont l'acuité augmente avec la résistance des parois. Ainsi, Savart a pu augmenter indéfiniment la gravité des sons de tuyaux de papier rendu humide par de la vapeur d'eau (1).

(1) *Mém. cit.,* p. 74.

On obtient de nouveaux changements dans le ton d'une colonne d'air en la fermant partiellement.

9° Si l'on prend un appeau d'oiseleur muni d'un porte-vent, on pourra en tirer plusieurs sons ; mais le son correspondant à la caisse de l'appeau sera toujours le plus pur et le plus intense. En ajoutant un tuyau à l'appeau, on arrivera, si l'on varie la vitesse du courant d'air, à entendre le son de l'appeau seul, ou les harmoniques du tuyau ajouté, ou enfin le même son pour l'appeau et le tuyau, lorsque les dimensions des deux instruments seront convenablement choisies : dans ce cas, le son produit à l'orifice de l'appeau subira le plus grand renforcement possible.

Il est important de noter que les plus légères modifications dans la forme des tuyaux, la rigidité de leur enveloppe, la grandeur des orifices d'entrée et de sortie de l'air dans l'appeau, exercent une grande influence sur l'écoulement du gaz et ses vibrations.

Quand on place un appeau dans la bouche, on réussit à produire, par inspiration ou expiration, une série de sons très purs. Dans ce cas, c'est la cavité buccale qui s'accommode au son de l'instrument, de la même manière que dans le sifflement oral. Si l'on pouvait aussi faire varier les éléments de l'appeau, c'est-à-dire son volume, la tension de ses parois, ses orifices, on obtiendrait une série de sons beaucoup plus étendus et plus diatoniques. Dans le cas actuel, on ne peut avoir qu'une suite de sons déterminés, mais non continus, c'est-à-dire montant, comme dans la sirène, sans aucune transition.

B. *Expériences et faits physiologiques.*

La plupart des physiologistes qui se sont occupés de la voix ont expérimenté sur des larynx de cadavres. Nous avons répété leurs expériences et nous sommes restés convaincus qu'elles ne sont guère propres à éclairer le mécanisme de la phonation. Les phénomènes purement physiques qu'on observe alors n'ont que des rapports assez éloignés avec les actions qui se passent durant la vie. Les muscles, dans les larynx de cadavres, ne sont plus susceptibles de contraction, et les tensions qu'on développe artificiellement dans les diverses parties de l'organe vocal ne sauraient être comparées aux effets des actions musculaires qui accroissent l'élasticité des tissus en même temps que leur tension et leur densité.

Malgré leurs quelques imperfections, les expériences sur des animaux vivants sont encore ici le meilleur guide dans la recherche des faits.

Nous avons examiné des larynx de chiens et de chats vivants dans les deux conditions suivantes : 1° Les mâchoires étant largement écartées, la langue a été en partie attirée hors de la bouche au moyen d'une forte pince érigne, de manière à élever le larynx assez haut pour qu'il devînt facile d'observer le jeu de la glotte et des parties voisines. 2° A l'aide d'incisions convenables, pratiquées sur la membrane thyro-hyoïdienne, l'épiglotte a été saisie avec une érigne et le larynx lui-même ramené en avant (sans lésion préalable des nerfs laryngés), de manière à mettre la glotte en évidence.

I. Parmi les divers organes qui livrent passage à l'air expiré, le larynx est le seul spécialement destiné à la production de la voix.

En effet, chacun sait que, une ouverture étant faite à la trachée ou à la membrane crico-thyroïdienne, la voix se perd aussitôt, puis se reproduit dès qu'on oblitère cette ouverture ; tandis qu'une incision, quelque étendue qu'elle soit, pratiquée entre l'os hyoïde et le cartilage thyroïde, n'entraîne point l'aphonie.

Mais le larynx étant un organe complexe, composé de la glotte que limitent les cordes vocales proprement dites, des ventricules, des cordes vocales supérieures, et du tuyau laryngien sus-glottique limité supérieurement par l'épiglotte, il ne suffit pas de dire qu'il est le seul organe producteur de la voix, il faut encore déterminer le rôle de chacune de ses parties constituantes; aussi, ultérieurement, nous livrerons-nous à cette étude tout expérimentale.

En ce moment, fixons d'abord notre attention sur les usages accessoires de divers appareils ou tuyaux sur-ajoutés à l'organe principal :

La trachée ne remplit pas d'autre usage que celui de porte-vent.

La bouche et l'arrière-bouche ne sont pas nécessaires à la production de la voix, comme l'ont cru quelques physiologistes. Les colonnes d'air que ces cavités renferment peuvent renforcer le son, mais n'ont aucune influence sur le *ton*.

Il en est de même des fosses nasales : le son n'éprouve, en effet, aucun changement quand on se bouche le nez pendant son émission.

Lorsqu'on ferme la bouche totalement ou partiellement, le son perd en intensité, mais il ne change pas de hauteur. On peut parfaitement chanter plusieurs gammes en conservant la bouche constamment ouverte, ce à quoi s'exercent plusieurs chanteurs : le son acquiert alors plus d'intensité, mais ne varie pas.

Ainsi, pendant la phonation, l'air peut s'échapper par le nez ou par la bouche, ou par ces deux conduits à la fois, sans que ces différences influent autrement que sur l'intensité et le timbre du son. Le volume d'air qu'ils contiennent agit, comme la caisse des instruments de musique, pour renforcer le son, conformément à ce principe que tout corps mis en communication avec un corps sonore entre en vibration et renforce le son sans changer le ton. Il faut pourtant excepter le cas dans lequel le corps impressionné pourrait rendre le même son ou un harmonique du corps sonore: dans ce cas, le renforcement serait le plus grand possible, et il pourrait y avoir réaction entre les deux corps et par suite modification dans le ton, s'ils n'étaient pas parfaitement d'accord.

Nous répéterons, avec Dutrochet (1), « si les changements de diamètre et de configuration des diverses parties de la bouche, si l'ouverture plus ou moins grande des lèvres pouvaient changer les tons, le chant articulé serait extrêmement difficile et peut-être impossible. On ne pourrait, en effet, faire coïncider un ton déterminé avec la prononciation de toutes les voyelles sans changer la position du larynx ; car on sait que les modifications de la voix, que nous nommons *voyelles*, dépendent des divers changements de figure et de grandeur de la cavité de la bouche et de son ouverture extérieure. On peut s'assurer que le larynx donne constamment le même ton sans changer de place, quelles que soient la configuration de la bouche et l'ouverture des lèvres. »

La bouche, l'arrière-bouche et les fosses nasales n'étant pas essentielles à la phonation, il reste à examiner quelles sont les parties du larynx nécessaires à la production de la voix et quel est leur mode d'action.

II. Pendant la phonation, comme nous l'a démontré l'inspection directe des larynx de chiens et de chats vivants, les orifices des *deux glottes* (2) prennent,

____

(1) *Ouv. et l. cit.*, p. 538.

(2) Déjà, plus haut, le lecteur a pu remarquer que nous distinguons *une glotte supérieure* ou fente limitée par les deux cordes vocales supérieures, et *une glotte inférieure* ou autre fente circonscrite spécialement par les deux cordes vocales inférieures.

par la tension des cordes vocales supérieures et inférieures, la forme d'une fente
un peu elliptique. La glotte supérieure est plus ouverte que l'inférieure dans le
chien ; elle est réduite, au contraire, à une simple fente dans le chat. Les lèvres
des deux glottes, fortement tendues, vibrent pendant l'émission de la voix. Nous
avons constaté ces faits à plusieurs reprises, en écartant largement les mâchoires
des animaux mis en expérience et en élevant leur larynx le plus possible, à l'aide
d'une traction de la langue.

Quand, par un autre procédé indiqué plus haut, le larynx d'un chien a été ren-
versé au-devant du col, on constate que le son n'éprouve qu'une diminution d'intensité, et que les cordes vocales supérieures sont plus rapprochées qu'à l'état
normal, c'est-à-dire que sur un larynx vu en place.

Les parois des ventricules et celles du tuyau laryngien sus-glottique sont fortement tendues pendant les cris que poussent les animaux.

Pour reconnaître si toutes les parties qui constituent le larynx sont ou non
essentielles à la phonation, nous avons dû procéder par voie d'analyse expérimentale sur chacune d'elles.

1° *Épiglotte* (1).

Haller (2) refuse à l'épiglotte toute influence sur la phonation : « *Epiglottis*,
dit-il, *equidem nihil facit ad vocem, et absque epiglottide aves suavissime
canunt... Neque vicissim credo ad vocem harmonicam* (3), *aut sonorum diver-
sitatem facere* (4). *Noluimus tamen hanc a larynge historiam separare*, etc. »
Puis il fait remarquer que Galien (5) n'a pas même rangé l'épiglotte au nombre
des parties qui constituent l'appareil vocal. Au contraire, dans ces derniers
temps, on a affirmé (6) qu'en raison de sa forme, de sa position, de son élasticité et de ses mouvements, ce fibro-cartilage appartenait essentiellement à cet
appareil. L'expérience ayant démontré que si, dans un instrument à vent, à
l'aide d'un courant d'air plus rapide, on rend le son plus fort, le ton s'élève un
peu, Grenié imagina, pour obvier à ce dernier inconvénient, c'est-à-dire pour
enfler un son sans que le ton soit modifié, de placer dans le tuyau, au-dessus
de l'anche, une languette souple et vibratile, dont l'inclinaison, proportionnelle
à la violence du courant d'air, modère l'élévation du ton à mesure que le son
acquiert plus d'intensité : or, Biot et Magendie (*ouv. cit.*), assimilant cette languette à l'épiglotte, ont pensé que la présence de celle-là permet à la voix humaine d'enfler un son, depuis la vibration la plus courte jusqu'à la plus étendue,
sans que le ton éprouve le moindre changement. J. Müller (7) combat cette hypothèse, et affirme que les expériences lui ont appris que l'épiglotte n'empêche point
le ton de s'élever, quand le souffle devient plus fort : celles que j'ai exécutées sur
plusieurs chiens, tout en démontrant que l'ablation totale de l'épiglotte ne modifie
pas leur voix d'une manière essentielle, confirment cette dernière opinion. Il m'est

(1) Consultez mon mémoire intitulé : *Rech. expérim. sur les fonctions de l'épiglotte et sur les
agents de l'occlusion de la glotte, dans la déglutition, le vomissement et la rumination.* Dans
Arch. de méd. Paris, 1841.
(2) *Elementa Physiol. corp. hum.,* t. III, p. 372.
(3) TAUVRY, p. 368.
(4) SANTORINI, p. 107.
(5) *De vocal. instrum. dissect.,* C. 4.
(6) *Élém. de physiol.,* 1836, t. I, p. 308, par MAGENDIE.
(7) *Manuel de physiol.,* trad. de Jourdan, t. II, art. VOIX.

souvent arrivé, tout en évitant la lésion des nerfs laryngés inférieurs, de détacher partiellement et de renverser en avant le larynx de ces animaux ; alors il m'était toujours facile de rendre plus ou moins rapide le courant d'air expiré, en leur faisant endurer une douleur plus ou moins intense, et, dans tous ces cas, que l'épiglotte intacte fût abaissée *à divers degrés* sur l'orifice laryngien, ou qu'elle fût excisée, j'ai toujours constaté l'exactitude de l'assertion du professeur de Berlin. Prenez, sur l'animal mort, un larynx muni d'épiglotte, et, tendant les cordes vocales, poussez de l'air avec force dans la trachée ; le son que vous obtiendrez alors ne différera pas, d'une manière appréciable, de celui qui se fera entendre après l'excision de cet opercule, si toutefois les autres conditions de l'expérience demeurent les mêmes.

Ces faits négatifs, établis par l'expérimentation et favorables au sentiment de Haller, ne nous paraissent pas de nature à être contredits par l'observation d'individus qui, ayant eu l'épiglotte détruite par une maladie ou enlevée accidentellement, ont consécutivement présenté un trouble notable dans les phénomènes vocaux, attendu que, dans ces cas, l'altération pathologique semble toujours avoir envahi l'instrument véritable de la phonation ou ceux de la prononciation.

L'épiglotte nous a paru servir, dans quelques cas et surtout dans la production de sons très aigus, à compléter l'occlusion de l'isthme du gosier, et concourir ainsi à l'expulsion de l'air par les fosses nasales. Participant d'ailleurs au mouvement vibratoire de ce fluide, elle peut contribuer au *timbre* de la voix.

2° *Cordes vocales supérieures.*

Les cordes vocales supérieures ne sont pas nécessaires à la phonation. En effet, sans léser les ventricules, nous avons pu inciser ces prétendues cordes sur des larynx restés en place ou bien renversés au-devant du col des animaux, et les sons rendus n'ont pas été sensiblement modifiés. Les chiens et *les chats* ont continué à pousser des cris très aigus, cris dont on pouvait encore singulièrement accroître l'acuité, en faisant basculer le cartilage cricoïde sur le thyroïde, pour augmenter ainsi la tension des parois ventriculaires, celle des cordes vocales proprement dites, et diminuer l'ouverture de la glotte inférieure.

3° *Ventricules du larynx.*

Les ventricules, d'après nos expériences propres, sont indispensables à la phonation complète. Réunis au tuyau laryngien sus-glottique, ils forment l'appareil renforçant essentiel, celui sans lequel la voix ne saurait se produire intégralement.

Sur des larynx de chiens vivants, après avoir successivement retranché l'épiglotte, les cordes vocales supérieures et les ventricules, de manière à ne laisser que les cordes vocales inférieures, sans doute nous avons encore obtenu des sons, comme d'autres physiologistes l'avaient déjà remarqué. Mais cela suffit-il pour admettre, avec eux, que les cordes vocales inférieures constituent, à *elles seules* et essentiellement, l'organe vocal, en vibrant à la manière des anches membraneuses ?

Si l'on examine, avec attention, les phénomènes qui accompagnent, dans ce cas, la production d'un son, on remarque diverses particularités : d'abord les cordes vocales sont au contact, ce qui n'a pas lieu dans la voix naturelle ; puis c'est par des efforts considérables de l'animal que l'air, écartant les cordes vocales fortement tendues, s'échappe en produisant un son laryngien particulier qui n'a plus de ressemblance avec la voix, et qu'on peut comparer au son des anches membraneuses sans porte-vent ou tuyau additionnel, ou bien encore à celui de l'orifice anal : dans les deux cas, c'est une simple explosion de gaz, et non pas un son continu et musical.

En mesurant la pression exercée à la sortie du gaz, nous avons trouvé 18 à 20 centimètres de mercure.

Cette pression est évidemment hors de toute proportion avec celle qu'exigent les sons de la voix dans des chiens de petite taille, comme étaient ceux de ces animaux qui ont servi à nos expériences. Il résulte, en effet, des expériences de Cagniard-Latour (1), qu'une personne, observée par lui, exerçait des pressions de 7 centimètres de mercure quand elle prononçait son propre nom à haute voix, comme lorsqu'on appelle quelqu'un ; de 5 à 6 centimètres de mercure pendant qu'elle riait modérément ; de 18 à 20 centimètres lorsqu'elle se mouchait avec force ; de 23 centimètres quand elle toussait fortement, et de 24 lorsqu'elle éternuait.

Des expériences, faites avec un manomètre à eau, ont donné au même physicien une pression représentée par une colonne d'eau de 3 centimètres pendant l'expiration, et, en sens contraire, de 2 pendant l'inspiration. Pendant le chant, dans un ton médium, on en a trouvé 16. Lorsque le chant, sans être plus intense, est devenu plus aigu, le manomètre est monté à 20 pour descendre à 6 quand le sujet sifflait, avec la bouche, un *ut* de 1,024 vibrations simples par seconde. La personne ayant compté depuis un jusqu'à vingt pendant une seule expiration de cinq secondes, la pression a été comprise entre 12 et 13 centimètres d'eau.

Sur un autre sujet, Cagniard-Latour a observé qu'en moyenne la phonation exigeait une pression d'air représentée par une colonne d'eau de 16 pouces.

Il résulte de ces expériences intéressantes et de celles qui les précèdent, qu'on ne saurait regarder comme *naturels*, les sons produits par la glotte inférieure seule ; c'est-à-dire privée de ses ventricules.

Il est, d'ailleurs, une circonstance qui rend la voix, proprement dite, à peu près impossible lorsqu'on a supprimé les ventricules, et, jusqu'à présent, aucun physiologiste ne nous semble en avoir fait la remarque ; nous voulons parler de l'action de la glotte inter-aryténoïdienne, dont l'ouverture, alors béante, laisse échapper nécessairement une très grande quantité d'air, ce qui augmente encore les efforts que l'animal doit faire pour vaincre l'élasticité de ces cordes.

4° *Cordes vocales inférieures et glotte proprement dite.*

La glotte vocale ou inférieure est absolument indispensable pour produire les sons de la voix ; car toute lésion qui annule ses fonctions rend l'animal aphone.

Ayant mis à découvert le larynx de divers chiens, et, sans léser les cordes vocales supérieures ni les ventricules, nous avons entamé superficiellement l'une des cordes vocales inférieures : la voix a été réduite à une espèce de râle. Toute apparence de son a disparu après la lésion des deux cordes vocales inférieures.

Ainsi l'intégrité de la glotte vocale ou inférieure est tout à fait indispensable à la voix ; mais sa seule intervention, comme on l'a vu plus haut, *n'est pas suffisante.*

Afin de confirmer cette dernière observation, nous avons disposé une expérience qui offre quelque intérêt :

(1) Dans le *Journal de l'Institut*, n° 228, janvier 1838.

Après avoir réduit le larynx d'un chien à la glotte inférieure seulement, nous avons pris des tuyaux de verre ou de caoutchouc vulcanisé, ayant environ le diamètre du larynx et pouvant donner, comme sons fondamentaux, à peu près la série des sons de la voix du chien. Un de ces tubes étant disposé sur la glotte, celle-ci s'est un peu entr'ouverte, et les sons ont acquis, à l'instant même et sous des pressions obtenues sans effort par l'animal, tous les caractères principaux des sons de la voix naturelle. En employant des tubes plus grands, nous avons eu, non plus le son fondamental, mais des harmoniques, de la même manière qu'avec un orifice de nature et de forme différentes de l'orifice de la glotte.

D'après nos recherches, dans les animaux à double glotte, les cordes vocales inférieures et les ventricules sont donc nécessaires à la phonation. Avec le tuyau laryngien sus-glottique, ces ventricules forment un appareil résonnant, analogue au tube laryngien des animaux à glotte simple. Il y a donc, dans ces deux classes d'animaux, les mêmes éléments vocaux, c'est-à-dire une glotte qui est l'origine des sons et un appareil renforçant, dont la différence de forme ne saurait constituer une différence essentielle dans la cause des phénomènes vocaux.

Les cordes vocales supérieures doivent être considérées uniquement comme un moyen de perfectionnement en rapport avec la variation et la modulation des sons.

5° Espace inter-aryténoïdien.

L'espace inter-aryténoïdien représente une ouverture circulaire qui joue un rôle utile pendant l'émission des sons, quoique lui-même ne soit jamais le siége d'aucune vibration sonore.

Pendant qu'un chien fait entendre des sons vocaux, on voit l'espace inter-aryténoïdien se resserrer ou s'ouvrir, en même temps que le son éprouve des modifications dans le ton ou l'intensité. Si alors on le ferme avec un petit cône en bois, on ne suscite aucun empêchement aux cris de l'animal. Celui-ci devient aphone, au contraire, si l'on oblitère les ventricules, bien que la respiration continue, l'ouverture inter-aryténoïdienne devenant le plus grande possible. Cette dernière disposition si importante, et sans laquelle on ne pourrait concilier les phénomènes de la voix avec une respiration normale, joue évidemment le même rôle dans tous les mammifères à glotte simple ou double.

Théorie de la voix des mammifères à glotte double (1).

Pendant la phonation, les aryténoïdes se rapprochent de manière à diviser le larynx en deux canaux : l'un antérieur, l'appareil vocal; l'autre postérieur, destiné à la respiration, ou pour mieux dire servant à la régler pendant le cri ou le chant. Ce dernier est terminé, à sa partie supérieure, par la glotte inter-aryténoïdienne, dont l'ouverture variable détermine la pression de l'air à sa sortie de la glotte vocale.

La voix, dans les animaux à double glotte, est originairement produite par l'écoulement périodique de l'air à travers la glotte inférieure ou vocale qui est le siége principal des vibrations sonores. Communiquées à l'appareil renforçant, composé des ventricules et du tuyau laryngien sus-glottique, ces vibrations le font résonner et produisent la voix.

L'ouverture de la glotte est toujours proportionnée au ton de l'appareil renfor-

(1) Nous avons défini plus haut, p. 176, la glotte *supérieure* et la glotte *inférieure*.

çant qui peut changer avec la rigidité des parois du larynx entièrement musculaires et aussi avec ses dimensions.

Le mouvement vibratoire de l'air, à sa sortie de la glotte, est toujours à l'unisson
du son du tuyau laryngien, qui ne peut produire qu'un seul son dans les limites
de pression possibles pour les animaux.

La hauteur des sons, gravité ou acuité, dépend de la pression de l'air à sa sortie,
cette pression restant, pour chaque son, comprise entre certaines limites.

L'intensité des sons de la voix dépend de la variation de pression que l'air peut
éprouver sans que le ton change, et croît quand on passe de la limite inférieure
pour laquelle le son se manifeste à la limite supérieure pour laquelle il cesse.

La glotte supérieure, celle qui est limitée par les deux cordes vocales supérieures, partage l'appareil renforçant en deux cavités qui doivent toujours être à
l'unisson dans la voix de poitrine. C'est par des variations de forme et d'ouverture
qu'elle accommode le ton de la cavité ventriculaire au son de l'orifice sonore ou de
la glotte inférieure. Du reste, elle diffère essentiellement de cette dernière en ce
que ses bords sont formés, non plus de muscles contractiles, mais de cordons
fibreux dont la tension est mécaniquement produite par les différents cartilages du
larynx. Aussi devons-nous faire observer qu'elles sont soumises à l'action des
extrémités supérieures des aryténoïdes qui agissent plus puissamment que les parties inférieures sur lesquelles s'insèrent les cordes vocales proprement dites.

Il existe une grande analogie entre les organes vocaux des mammifères et l'appareil du sifflement oral chez l'homme, entre la glotte vocale et la glotte labiale. En
variant les détails, la nature n'a pas changé les moyens ; et les sons, dans tous ces
instruments naturels, dépendent d'une même cause.

Prenant en considération les principes physiques qui ont été développés précédemment, on pourra comparer, avec Savart, l'organe vocal de l'homme à un
appeau surmonté d'un tube, et, avec G. Cuvier, à une embouchure de trompette,
qui n'est qu'un appeau, muni d'une ouverture membraneuse analogue à la glotte,
avec tube additionnel.

Les expériences que nous avons faites sur les larynx d'animaux vivants nous
ont forcément amenés, comme on l'a vu plus haut, à cette conséquence que la
glotte inférieure et les ventricules ou tout autre tuyau sonore sont essentiels à la
production de la voix. Il nous reste à prouver maintenant, que, en négligeant un
de ces éléments, la voix est impossible quelque théorie qu'on adopte.

Les cordes de nos instruments de musique ne résonnent pas d'une manière
sensible sans un appareil de renforcement, et les cordes métalliques elles-mêmes
n'ont aucune sonorité sans un tuyau renforçant. Ainsi, même avec les théories
des cordes vocales ou des anches, les ventricules ou tout autre tuyau sonore
deviennent d'une nécessité absolue pour donner à la voix une intensité suffisante.

En supprimant les ventricules, Dodart n'a jamais pu expliquer la voix par
l'écoulement seul de l'air, et nous serions dans le même cas si nous n'avions pas
constaté l'usage et la nécessité d'une colonne d'air placée sur l'orifice d'écoulement.

En effet, si la glotte existait seule, le son devrait monter d'une manière continue
avec la pression comme dans une sirène, et l'on ne pourrait pas faire varier son
intensité, en laissant constante l'ouverture de la glotte. Il faudrait admettre alors

que, pour varier l'intensité d'un son, la glotte change de diamètre sans modifier le ton, ce qui est contraire aux faits et absolument impossible, puisque cela exige- rait que, pour un même son aigu, la glotte fût étroite et les cordes tendues par conséquent, si le son était faible, et qu'elle fût large avec relâchement de ses bords, si le son était intense. Cette difficulté a été l'écueil de Dodart.

Ainsi, suivant nous, pas de théorie possible de la voix sans les ventricules ou bien tout autre appareil de renforcement placé au-dessus de l'orifice d'écoulement.

En plaçant, au contraire, sur l'ouverture glottique un tuyau renforçant dont le ton peut changer indéfiniment par les variations de volume et la tension des parois, toutes les difficultés disparaissent, et le mécanisme de la voix trouve son explication naturelle dans nos expériences.

En effet, à une tonalité du tuyau correspond toujours une ouverture de glotte qui, pour des pressions comprises entre deux limites assez rapprochées, ne peut produire qu'un seul son. Ces variations de pression, pour un même son, sont réglées par la glotte inter-aryténoïdienne qui s'ouvre ou se ferme pour une inten- sité de son plus grande ou plus petite.

En ne considérant que la pression moyenne dans les séries de pression qui ap- partiennent à un même ton, nous dirons qu'elle est d'autant plus grande que le son est plus aigu.

La constance d'un son, pour des pressions différentes, dépend d'une réaction exercée par le tuyau sonore sur les vibrations produites à l'orifice. Ce principe, parfaitement conforme aux expériences physiques, explique l'intensité variable des différents tons de la voix, phénomène inexplicable sans les ventricules.

La glotte inter-aryténoïdienne est un élément important dans la phonation, et pourtant aucun auteur ne paraît s'en être occupé. Son rôle est manifeste : les changements qu'elle est susceptible d'éprouver dans ses dimensions règlent la pres- sion de l'air à sa sortie par la glotte vocale, et rendent la respiration normale. Elle donne écoulement à l'air en excès sur celui qui est nécessaire à la voix.

L'observation a mis hors de doute que la glotte est beaucoup plus ouverte pour les sons graves que pour les sons aigus. Nous trouvons, dans ce fait, une nou- velle preuve de la prévoyance de la nature. Les sons graves, produits par une faible pression, n'auraient pas d'intensité si l'on n'augmentait pas la masse d'air qui s'écoule, de manière à rendre à peu près constante la force vive du fluide pour les sons graves et les sons aigus.

Dans la nouvelle théorie de la voix que nous avons exposée, nous avons voulu démontrer et expliquer le rôle essentiel de la glotte inférieure et des ventricules dans la production des sons ; la nécessité du concours de la glotte inter-aryténoï- dienne pendant l'acte de la phonation ; et, dans nos recherches, nous sommes restés fidèles à ce principe, que la nature varie peu ses moyens d'action, et que rien n'est inutile dans ses créations.

On pourrait faire à cette théorie plusieurs objections ; nous en avons prévu deux principales auxquelles nous croyons devoir répondre :

a. — Comment un tuyau aussi petit que le larynx peut-il produire les sons intenses de la voix humaine?

Nous avons fait voir, en traitant du *sifflement oral*, que des volumes d'air très petits pouvaient, sous des pressions qui ne dépassent pas les efforts humains, être la cause de sons bien plus intenses que ceux de la voix : on pourrait citer des sifflets artificiels, des appeaux dont la puissance surpasse encore celle de nos organes vocaux. Ainsi cette première objection n'est pas fondée. Quant à la gravité des sons vocaux, elle trouve son explication dans la nature membraneuse des parois du tuyau sonore.

b. — Comment une légère altération, une incision des cordes vocales inférieures, qui n'atteint même pas les muscles thyro-aryténoïdiens, peut-elle rendre un animal aphone?

Cette objection, applicable à toutes les théories, et principalement à la théorie des cordes et à celle des anches, qui n'exigent pas nécessairement deux paires de cordes ou d'anches pour produire des sons, ne résiste pas, dans nos principes, à une discussion sérieuse.

En parlant des expériences physiques, nous avons dit que toute altération, même légère, dans la forme des plaques ou les bords de l'ouverture, modifiait, sans détruire absolument le son, les éléments nécessaires à sa production. Ainsi la forme de la veine fluide, les rapports entre les dimensions de l'orifice et du tuyau sonore sont changés, et, pour un même tuyau, le même son devient impossible après l'altération. Il faut changer avec l'ouverture sonore les conditions de la colonne renforçante, et accommoder sa tonalité avec la forme et les dimensions de l'orifice. On parviendrait, sans doute, et nous pourrions en citer des exemples, à régler avec de l'habitude les nouvelles conditions sonores, à produire des sons, et, pour des animaux sur lesquels on altère très légèrement la glotte, l'aphonie est relative et non absolue. Habitués à disposer leurs organes pour certains sons, ils cessent de s'en servir quand on change chez eux les conditions d'habitude. Mais, chez l'homme, l'intelligence peut indiquer l'espèce de lésion, et l'individu peut parfois y remédier : c'est ce qui arrive dans certains cas où le larynx a été altéré par des opérations chirurgicales, comme dans la trachéotomie.

Voix de poitrine et voix de fausset ou de tête.

Les animaux dont le larynx est pourvu de deux glottes, et par conséquent de ventricules, ont deux registres de sons qu'on a appelés *sons de poitrine* et *sons de fausset* ou *de tête.* Les premiers formant une série plus grave que les seconds, un chanteur peut faire entendre des sons aigus de poitrine ayant le même ton que les sons graves du fausset, de telle sorte que les deux registres enjambent l'un sur l'autre.

Après avoir discuté les principales théories qui ont été proposées pour expliquer la voix de fausset, nous dirons notre sentiment à cet égard et nous nous occuperons en même temps de la voix de poitrine.

1° G. Weber pense que les sons de fausset sont des harmoniques des cordes vocales, subdivisés par des lignes nodales transversales.

Dans cette hypothèse, l'intensité des sons de fausset serait encore plus inexplicable que celle des sons de poitrine. On sait d'ailleurs que, pour les sons aigus, les lèvres de la glotte se rapprochent et se touchent près de leurs extrémités, dans une assez grande portion de leur étendue, de manière à former une ouverture très étroite. Il paraît impossible alors que la partie libre, déjà très petite, se divise encore en plusieurs parties douées des vibrations énergiques de la voix de tête.

Assurément c'est abuser de la comparaison que de faire fonctionner les cordes vocales comme des cordes de violon.

2° Avec Lehfeldt, J. Müller invoque, pour expliquer la voix de fausset, un phénomène qui n'existe pas en physique : considérant les lèvres de la glotte comme des rubans sonores, il suppose qu'une partie seulement de l'épaisseur de ces rubans entre alors en vibration. « Lorsque les cordes vocales, dit J. Müller, ont un si faible degré de tension ou de détente qu'on parvient à leur faire produire des sons de poitrine ou de fausset, on peut se convaincre que ces derniers ne sont pas des sons flûtés, comme ceux auxquels donnent lieu les vibrations des parties aliquotes de la longueur d'une corde. Dans les deux cas, pendant les sons aigus du fausset et les sons graves de la voix de poitrine, les cordes vocales peuvent vibrer de toute leur longueur ; on le constate par le témoignage de ses yeux. La différence essentielle des deux registres consiste en ce que *les bords des cordes vocales vibrent seuls dans les sons de fausset*, tandis que, dans ceux de poitrine, les cordes entières exécutent des vibrations vites et à grande excursion (1). »

Tous les phénomènes connus, concernant les mouvements vibratoires des solides, nous obligent à rejeter une théorie qui repose sur cette hypothèse erronée que, quand un ruban fixé à ses deux extrémités est le siége de vibrations transversales, la moitié, le quart ou une partie quelconque du ruban, en largeur, peut vibrer isolément, sans entraîner le reste dans ses vibrations.

Faire vibrer les bords des cordes vocales pour le fausset, avec J. Müller, et leur centre pour la voix de poitrine, avec Dutrochet, constitue une théorie qu'aucune expérience ne saurait justifier. Il eût été plus rationnel d'admettre des vibrations tournantes, c'est-à-dire des vibrations transversales avec une ligne nodale longitudinale, donnant des subdivisions harmoniques sur la largeur, au lieu de les avoir sur la longueur, comme dans l'opinion de G. Weber. Mais la conformation des rubans vocaux, et leur contact aux extrémités, s'opposeraient encore ici à la subdivision harmonique.

3° Hâtons-nous d'arriver à une autre théorie plus séduisante, appuyée sur l'expérimentation directe, et, par conséquent, digne d'un mûr examen ; nous voulons parler de la théorie de Segond, physiologiste distingué, possédant des connaissances musicales fort étendues qu'il a d'ailleurs si bien utilisées dans ses nombreux et intéressants mémoires sur la voix (2).

Segond admet, dans le larynx, deux instruments distincts et correspondants aux deux glottes : l'un, pour la voix de poitrine, formé des cordes vocales inférieures ; l'autre, pour la voix de fausset, constitué par les cordes vocales supérieures.

Voici les principaux faits qui ont amené cet expérimentateur à établir la précédente distinction :

Sur des chats (3), les cordes vocales inférieures ayant été divisées, il survint une aphonie complète qui cessa au bout de quelques jours : le miaulement, avec la

---

(1) *Loc. cit.*
(2) *Mém. cit., Arch. gén. de méd.*
(3) Segond a pris des chats pour sujets de ses expériences, parce que, suivant lui, ces animaux présentent le plus ordinairement la voix de fausset dans le miaulement, les replis inférieurs ne produisant que des sons médiocres, mais plus graves, qui ne se font entendre que dans des circonstances exceptionnelles.

voix de fausset, se fit entendre de nouveau. Sur d'autres animaux de la même espèce, l'instrument étant introduit par la cavité buccale, après avoir attiré le larynx à l'isthme du gosier au moyen d'une pince agissant sur la langue et d'un crochet saisissant l'épiglotte, la section des cordes vocales supérieures fut pratiquée ; aussitôt le miaulement, les cris furent abolis.

Segond a signalé une observation importante qu'ont pu faire tous les physiologistes qui ont examiné des glottes en état de vibration : la partie des cordes vocales, réellement facile à voir vibrer, est variable en étendue, et les cordes, en se rapprochant, se touchent de plus en plus à partir de leurs points d'attache.

L'auteur tire de cette remarque la conséquence qu'il s'établit, entre la longueur des cordes vocales et leur tension, une compensation telle qu'une corde peut, pour un même son, se relâcher, mais se raccourcir si ce dernier a peu de force, et se tendre en s'allongeant s'il acquiert de l'intensité.

Évidemment, on ne saurait admettre, avec cet observateur, que les sons graves ou aigus puissent être produits, selon leur intensité, par une même tension des cordes vocales ayant des longueurs différentes. Comment expliquer, dans cette hypothèse, la variation d'intensité des sons graves correspondants aux plus faibles tensions des ligaments vocaux? Peut-on nier la connexion évidente qui existe entre la tension des cordes et leur rapprochement ?

Après avoir abandonné, pour l'explication de la voix de fausset, la théorie des vibrations des bords de la glotte, Segond s'en sert pour expliquer les sons aigus produits par les cordes inférieures du larynx. Cela nous a paru une contradiction ; car, s'il est possible que les vibrations des bords de la glotte donnent des sons aigus, on ne voit pas pourquoi elles ne produiraient pas également les sons de fausset.

Segond a bien voulu répéter avec nous ses expériences : il nous pardonnera si, dans l'intérêt de la vérité, nous nous montrons difficiles sur les conséquences qu'il en a déduites. Car le succès de sa théorie sur la voix de fausset nous paraissait d'autant plus désirable qu'elle s'accorde parfaitement avec nos propres principes : les sons de fausset seraient produits, si l'on admet deux appareils vocaux, par les vibrations dues à l'écoulement périodique de l'air à travers la glotte supérieure ; le canal sus-glottique ou la cavité ventriculaire formerait, dans ce cas, le tuyau renforçant : on pourrait même considérer la colonne d'air vocale comme partagée en deux par l'orifice sonore.

Mais les cordes vocales supérieures peuvent-elles être l'origine de vibrations sonores? Voilà toute la question.

Nous avons coupé les cordes vocales supérieures, chez des chiens et des chats, *sans léser les ventricules*, et nous avons obtenu, malgré cette opération, des sons d'une intensité remarquable et d'une grande *acuité* qui s'augmentait singulièrement encore lorsque, aidant à l'action des muscles crico-thyroïdiens, nous élevions un peu le bord antérieur du cartilage cricoïde de manière à tendre davantage les cordes vocales inférieures.

Dans nos expériences, l'aphonie a toujours été complète après l'incision de ces dernières, malgré l'intégrité des cordes vocales supérieures dont le rapprochement et la tension n'ont jamais fait reparaître la voix, quelque soin qu'on apportât à les placer dans des conditions propres à produire des sons.

Si les ligaments supérieurs de la glotte pouvaient être le siége de vibrations *sonores*, la section des inférieurs devrait les favoriser ; et, comme nous n'avons jamais pu produire des sons avec la glotte supérieure seule, nous sommes en droit de conclure qu'en effet elle ne peut être l'origine d'aucun son.

Si, après la lésion des cordes vocales inférieures, Segond a vu des chats recouvrer le miaulement au bout de lquelques jours, c'est que les parties divisées avaient pu reprendre, par la cicatrisation, assez de cohésion pour former un nouvel orifice sonore auquel l'animal a dû s'habituer.

Enfin, les mouvements des cartilages qui produisent la tension des cordes vocales supérieures, entraînant nécessairement celle des inférieures, on ne conçoit pas que ces dernières, qui reçoivent directement l'action de l'air, restent au repos pendant que celles-là vibrent sous l'influence de l'air brisé dans son mouvement, et dilaté par les ventricules.

En résumé, n'ayant pu, jusqu'à présent, rendre sonore la glotte supérieure, nous admettons que les cordes vocales inférieures représentent l'origine commune des sons de poitrine et des sons de fausset.

4° Savart (1) émet de simples conjectures sur l'émission de la voix de fausset :

« L'air des ventricules, dit ce physicien, pouvant résonner indépendamment de celui qui est dans le tuyau vocal, il est très présumable que, même sans que ce tuyau ait subi aucune altération, certains sons peuvent être produits par les ventricules seuls, particulièrement ceux qui sont arrachés par la douleur et *peut-être* ceux qu'on fait entendre quand on chante en fausset. »

Les vibrations des ventricules seulement exigeraient, pour les sons aigus du fausset, une trop grande pression dans le cas où ceux-ci donneraient leur son fondamental, et l'intensité du son produit par ce tuyau vocal très réduit n'atteindrait pas celle des sons de poitrine, comme on le remarque dans la voix de tête.

Toutefois, Savart nous paraît avoir entrevu la vérité; mais, manquant alors d'expériences, il laisse sans explication les détails les plus importants.

Dans la voix de poitrine, tout l'air contenu dans les ventricules et le tuyau laryngien sus-glottique forme un appareil renforçant ou tuyau unique qui, s'accommodant entièrement au son de l'orifice sonore, ne peut donner qu'un seul son, qui est le son *fondamental* de la colonne d'air.

Dans la voix de fausset, le bord antérieur du cartilage cricoïde s'élève visiblement, les ligaments supérieurs de la glotte se rapprochent et sont fortement tendus, ainsi que les parois des ventricules; de telle sorte que la forme de la colonne d'air laryngienne est notablement modifiée. Il en est de même par suite des conditions vibratoires de la glotte.

Nous croyons satisfaire à toutes les conditions du phénomène de la voix de fausset, en admettant que la nouvelle disposition de l'organe vocal facilite la formation d'un ventre de vibration à la glotte supérieure, de manière que le son de fausset est un harmonique du tuyau vocal proprement dit. Les ventricules et le tuyau laryngien sus-glottique vibrent à l'unisson et sont séparés par un ventre de vibration.

Conformément à ce qu'on observe dans un tuyau fixé sur une plaque munie d'un orifice sonore, le son fondamental et l'harmonique, ou son de fausset, pour-

____

(1) *Mém. cit.,* p. 65.

raient été produits par une même ouverture de glotte, en forçant légèrement le vent, ce qui paraît parfaitement d'accord avec les conditions exigées par la voix de tête. On retrouve, en effet, dans les sons du second registre de la voix humaine, le caractère flûté des harmoniques des tuyaux. On explique la possibilité de produire deux sons, le son fondamental et l'harmonique ; fait observé par Garcia sur des Baskirs.

Enfin, les cartilages *cunéiformes* auraient leur raison d'être : ils formeraient, en effet, dans certains cas, un petit canal qui mettrait les ventricules en communication avec l'air situé au-dessus du larynx, pendant la jonction des aryténoïdes et le rapprochement des cordes vocales supérieures. Ils agiraient donc, dans la voix de fausset, comme les trous dans les instruments à vent (1).

Du chant.

L'organe vocal peut produire tous les sons possibles, contenus toutefois dans une certaine limite qui constitue l'*étendue de la voix*.

Les sons peuvent monter ou baisser d'une manière continue, comme ceux de la sirène. Cet effet a lieu dans les cris de l'homme, lorsqu'ils expriment la douleur ou certaines émotions profondes ; dans le hurlement ou le cri plaintif du chien. C'est ce même phénomène qu'on désigne en musique par le mot *détonner*, par analogie avec celui que manifeste une corde qui vibre pendant qu'on la détend.

Dans la parole, le son change de ton avec l'effet qu'on veut produire, et c'est en variant convenablement l'intonation que les orateurs, parfois, remuent si profondément leur auditoire. Cette variation du ton, dans le langage articulé, donne l'accentuation qui, avec le timbre, diversifie si bien les hommes. L'accentuation est l'effet de l'habitude, de l'éducation et de l'idiome.

Les sourds-muets de naissance qui parviennent à parler, prononcent tous les mots sur le même ton.

Le *chant*, enfin, consiste à produire des sons ayant entre eux les rapports déterminés de la gamme. Ce n'est qu'avec un grand exercice du larynx que les personnes, douées d'ailleurs d'une bonne organisation musicale, parviennent à disposer instantanément toutes les parties de leur organe pour un ton donné.

Du timbre de la voix. — Le timbre, au caractère duquel on reconnaît la personne qui parle, paraît dépendre des vibrations des divers éléments de l'appareil vocal, et peut changer avec les dispositions très variées qu'on arrive à leur donner. C'est ainsi que certains individus, doués d'une certaine souplesse d'organe, peuvent imiter plusieurs voix.

Lorsqu'aux sons vocaux s'ajoutent les vibrations de l'air, du pharynx, de la bouche et des fosses nasales plus ou moins fermées, celles de la glotte, de l'épiglotte, des replis épiglottiques, du voile du palais plus ou moins abaissé, on obtient

---

(1) DIDAY et PÉTREQUIN, dans leur mémoire *sur le mécanisme de la voix de fausset*, formulent leur théorie en ces termes : « Pour donner les sons de fausset, la glotte se place dans un état tel que les cordes vocales ne puissent plus vibrer à la manière d'une anche. Son contour représente alors l'embouchure d'une flûte ; et, comme dans les instruments de ce genre, ce n'est plus par les vibrations de l'ouverture, mais par celles de l'air lui-même que le son est produit. » (*Voy.* année 1844, p. 136, *Gaz. méd.* de Paris.)

des timbres excessivement variés et dont la cause est la même que pour les instruments à vent, c'est-à-dire la coexistence de plusieurs ondes sonores d'intensité et de tons différents, qui modifient la forme générale de l'onde principale. Nous ajouterons même que c'est aux vibrations énergiques des lèvres de la glotte, fortement détendues, que les sons graves doivent surtout leur timbre particulier, celui des anches différant du timbre des sons aigus ou de fausset.

Le *timbre sombre* des musiciens paraît coïncider avec les vibrations de l'air du pharynx, et il est d'autant plus prononcé que le larynx est plus abaissé pendant le chant, et, par conséquent, que le tuyau pharyngien est plus long. Ce timbre est souvent favorisé par l'idiome : ainsi, les Provençaux, les Italiens emploient fréquemment le timbre sombre qui fait le caractère de la voix de divers chanteurs renommés, et contribue à son intensité par une plus grande étendue de l'appareil renforçant.

Dans le *timbre clair*, le larynx est élevé, et la cavité buccale ouverte forme seule la caisse sonore. Le Français chante presque toujours en timbre clair ; la langue française se prête difficilement au timbre sombre.

Lorsque, l'air passant par les fosses nasales, la bouche est fermée et résonne, le son n'est plus qu'une sorte de grognement très prononcé, comme cela s'observe chez le chien.

Si, la bouche étant ouverte, les fosses nasales sont plus ou moins fermées et entrent en vibration, le timbre est *nasillard*, ou, comme on le dit vulgairement, on chante du nez.

Ainsi, le timbre doit ses modifications à la nature des vibrations étrangères aux vibrations sonores principales ; et cela explique bien pourquoi une personne peut avoir un chant très pur, avec une voix parlée très mauvaise, désagréable et souvent nasillarde, lorsqu'elle est obligée, pour prononcer certaines syllabes, de mettre en vibration des éléments qui ne fonctionnent pas pendant le chant.

De l'étendue de la voix. — On distingue, dans un chanteur, le *ton* de la voix qui est donné par le son le plus bas qu'il peut produire, et son *étendue* caractérisée par le nombre d'intervalles qu'il peut parcourir en montant du grave à l'aigu. Ces deux éléments sont très variables chez les divers chanteurs, et servent à classer ceux-ci, conformément au tableau suivant :

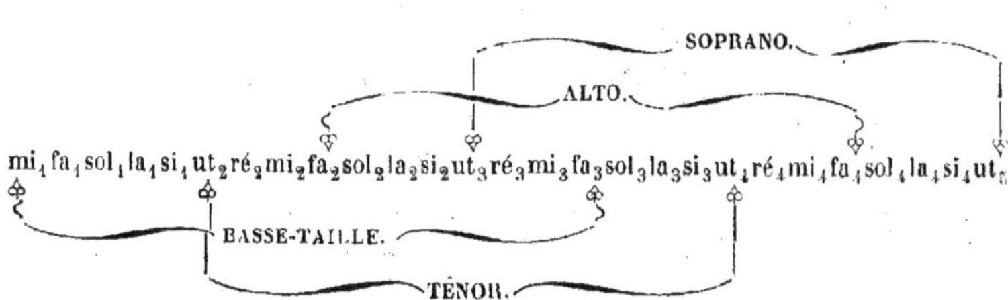

La voix peut avoir une étendue de deux à trois octaves et demie.

Le ton de voix est très différent pour les hommes et pour les femmes : en appelant ut_1 le son du tuyau d'orgue de huit pieds ouvert, qui est le premier *ut* de la basse et du piano à six octaves et demie, on trouve que les voix d'homme ont pour toniques mi_1 (basse-taille) montant jusqu'au la_2 ; la_1 (baryton) s'élevant jusqu'au fa_3. Les ténors vont de ut_2 à ut_4.

La voix de femme n'a une gravité égale à celle de l'homme que chez certaines femmes à constitution virile.

Les voix de femme, des jeunes garçons et des castrats commencent entre fa_2 (alto) et ut_3 (soprano), et vont jusqu'au fa_4 (alto) ou la_4 (mezzo-soprano) ou ut_5 (soprano). Les quatre premiers sons manquent, en général, de force dans toutes les voix.

L'étendue complète des voix d'homme et de femme, prises ensemble, comporte à peu près quatre octaves.

J. Müller, à qui nous empruntons le tableau et la plupart des détails que nous venons de donner sur l'étendue de la voix, nous apprend que Fischer atteignait le fa de l'octave au-dessous d'ut_1 : la plus jeune des sœurs Sessi embrassait trois octaves et trois tons de ut_2 à fa_4 ; la Zelter, trois octaves ; la Catalani, trois et demie.

APPAREIL VOCAL ET VOIX DES OISEAUX.

Chez les oiseaux, les organes qui concourent à la production de la voix présentent une *conformation* notablement différente de celle des mêmes organes chez les mammifères. Le larynx est double, c'est-à-dire qu'il existe deux petits appareils dont la *structure* se rapproche plus ou moins de l'organe vocal des mammifères. L'un d'eux, et c'est le principal, occupe la partie inférieure de la trachée-artère, au niveau du point où se voit l'origine des deux bronches : on le désigne sous le nom de *larynx inférieur*. L'autre se trouve à l'origine de la trachée-artère, derrière la base de la langue : on l'appelle *larynx supérieur*. Entre les deux, existe un conduit membraneux et cartilagineux, dont les dimensions et la forme présentent de grandes variétés : c'est la *trachée-artère*. Chacun de ces trois organes prend une part dans la phonation, chacun d'eux mérite donc aussi d'être considéré à part.

I. Le *larynx inférieur* se rencontre dans toute la classe des oiseaux, à quelques rares exceptions près : ainsi, G. Cuvier (1) ne l'a pas trouvé chez le roi des vautours ; Rudolphi, dans le *vultur aura ;* Meckel, dans les autruches et les casoars. R. Wagner (2) en a constaté la présence chez les *vultur cinereus* et *fulvus*, ainsi que chez le gypaëte.

La situation du larynx inférieur présente quelques variétés : le plus souvent, cet organe occupe l'extrémité inférieure de la trachée au niveau de sa bifurcation et s'étend sur la base même des bronches qui participent un peu à sa formation. Dans le genre *stratornis*, il n'en est pas ainsi : le larynx inférieur est séparé de l'extrémité inférieure de la trachée par un certain nombre d'anneaux bronchiques, et conséquemment appartient aux bronches, et nullement à la trachée elle-même. Dans les genres *thamnophilus, myiothera* et *opethiorhynchus* (3), le larynx inférieur occupe exclusivement la partie inférieure de la trachée. On pourrait donc, en ayant égard simplement à la situation du larynx inférieur, distinguer cet organe

(1) *Leçons d'anatomie comparée*, 2ᵉ édition, t. VIII, p. 742.
(2) *Icon. Zool.*, pl. XII, fig. 30 et 31.
(3) J. MÜLLER. *Stimmorgan der Passerinen*, p. 6. Berlin, 1845.

en larynx *bronchique*, larynx *trachéen* et larynx *broncho-trachéen*. Nous nous occuperons exclusivement de cette dernière variété, qui est la plus commune.

Le larynx inférieur semble être, dans ce cas, une modification de la trachée-artère. Les derniers anneaux de ce conduit se rapprochent ou se soudent ensemble ; ils présentent un aplatissement plus ou moins marqué d'avant en arrière, ou bien ils sont comprimés latéralement. L'extrémité inférieure de la trachée, ainsi modifiée, se nomme le *tambour*. L'ouverture inférieure du *tambour* est partagée en deux ouvertures secondaires, tantôt par une languette osseuse ou cartilagineuse dirigée d'avant en arrière, tantôt simplement par l'angle de réunion de la partie interne des bronches. Ces dernières sont formées d'arcs osseux ou cartilagineux, et nullement d'anneaux complets ; c'est en dedans que les anneaux laissent un intervalle occupé par une portion membraneuse que G. Cuvier a désignée sous le nom de *membrane tympaniforme*. Les parois internes des deux bronches sont réunies entre elles par des fibres élastiques plus ou moins fortes qui, au lieu de bifurcation, forment souvent des bourrelets plus ou moins considérables. Chez le *dindon* (1), ces bourrelets renferment un tissu élastique dont les fibres appartiennent à la deuxième variété de ce même tissu, admise par Henle.

D'après Dugès (2), une vésicule aérienne, communiquant avec les poumons, occupe constamment l'angle de réunion, l'espace intermédiaire aux deux membranes tympaniformes ; et cette disposition serait de nature à expliquer comment l'animal pourrait devenir muet, si l'on ouvrait la grande vésicule aérienne qui occupe la partie la plus avancée de la poitrine, et s'étend jusqu'aux branches de la fourchette ou clavicule.

Le premier des arcs des bronches a la même courbure que la trachée ; le second et le troisième appartiennent à des cercles plus grands, et sont moins convexes en dehors. Ils présentent en dedans une saillie qui est surmontée par un repli de la muqueuse trachéo-bronchique, susceptible de vibrer. Ce repli est doublé d'un tissu élastique qui ressemble à celui des cordes vocales inférieures des mammifères. Il existe également un peu de tissu élastique sur la membrane tympaniforme ; de telle façon que, chez les oiseaux chanteurs indigènes et quelques oiseaux chanteurs exotiques, on trouve, de chaque côté de l'extrémité inférieure de la trachée, une glotte composée de deux lèvres ou de deux cordes vocales.

Telle est la conformation du larynx inférieur des oiseaux chez lesquels cet appareil a atteint un haut degré de perfection.

Mais, sous le rapport de la structure du précédent organe, il y a de grandes différences à établir parmi les oiseaux, et l'on peut diviser les larynx inférieurs en deux classes : les larynx privés de muscles *propres*, et les larynx qui en sont pourvus.

A. Les premiers peuvent posséder des muscles *extrinsèques* qui meuvent la trachée ; et comme la contraction de ces muscles exerce une influence sur l'état de la glotte, nous les indiquerons ici, au lieu de renvoyer leur description à celle de la trachée-artère.

Il y a deux paires de muscles abaisseurs de la trachée : les *sterno-trachéens* et les *ypsilo* ou *cléido-trachéens*. Les sterno-trachéens ont leur attache fixe au ster-

---

(1) Siebold et Stannius. *Anatomie comparée* ; traduct. par Spring et Lacordaire, t. II, p. 356.
(2) *Physiol. comparée*, t. II, p. 243.

num, à la face interne de ses angles latéro-supérieurs, leur attache mobile le long de la trachée, à des points différents selon les espèces; les fibres de ces muscles se prolongent plus ou moins haut. Les ypsilo-trachéens ou cléido-trachéens ont leur attache fixe à l'os en forme d'Y grec ou de fourchette que l'on trouve chez les oiseaux, leur attache mobile à la trachée. Toutefois, les muscles précédents manquent à un certain nombre d'espèces.

Il n'existe pas de muscles élévateurs propres : c'est le mylo-hyoïdien qui produit l'élévation de la trachée, au moyen de ligaments qui unissent l'os hyoïde au larynx supérieur.

L'action simultanée de tous ces muscles produit l'allongement de la trachée ; leur repos simultané la raccourcit. Reste à déterminer l'action exercée par eux sur l'état de la glotte :

1° Quand la trachée s'élève, les bronches sont tiraillées, le second et le troisième anneau bronchique s'éloignent du premier; la saillie de la glotte diminue et sa tension augmente.

2° Lorsque la trachée s'abaisse, les bronches se relâchent, leurs anneaux se rapprochent et la glotte est allongée et détendue. Ce mécanisme, d'après G. Cuvier (1), rendrait compte de la possibilité qu'ont certains oiseaux de modifier l'état de leur glotte en l'absence de muscles propres au larynx inférieur.

Les larynx inférieurs, qui ne sont pas pourvus de muscles propres, peuvent être divisés en deux groupes : les uns offrent des dilatations latérales, d'autres en sont privés. Le tambour présente des dilatations non pas seulement dans les espèces de deux genres, les canards et les harles, ainsi que Cuvier (2) l'a avancé; mais dans quelques autres espèces encore : ainsi Yarrelle (3) en a trouvé dans l'*Anser gambensis;* Tschudi (4) dans le *Cephalopterus ornatus,* etc. D'après Cuvier, plusieurs espèces, appartenant au genre des canards, en sont dépourvues. Un fait constant, c'est que les cavités qui forment les dilatations ne sont jamais symétriques; la cavité du côté gauche l'emporte en volume sur celle du côté droit. Cette disposition est surtout manifeste dans le canard domestique. La structure de ces cavités est tantôt osseuse, tantôt à la fois membraneuse et osseuse. Les dilatations entièrement osseuses ont, en général, une forme sphéroïdale; c'est ce que l'on observe dans l'*Anas boschas,* l'*Anas montana,* etc. Il y a des oiseaux chez lesquels ces dilatations sont pyriformes, dans l'*Anas crecca* par exemple. Si j'insiste sur ces dilatations que présente le larynx inférieur de quelques oiseaux, c'est que Cuvier leur a attaché une grande importance. Elles expliqueraient, suivant lui, la différence qui existe entre la voix des mâles et celle des femelles : on sait que ces dernières ont la voix aigre et aiguë, tandis que les mâles ont la voix enrouée et sourde.

Le larynx inférieur, sans muscles propres et sans dilatations latérales, se trouve dans un grand nombre d'oiseaux : il faut citer tout l'ordre des gallinacés, les dindons, les pintades, les paons, les coqs, les faisans, les perdrix, etc. La conformation du larynx offre quelques variétés dans ces espèces, mais le caractère général c'est que la traverse, qui se voit au bas de la trachée, est située plus bas que le dernier anneau auquel elle tient, d'où il résulte que les membranes qui constituent la

(1) *Loc. cit.*
(2) *Ouv. cit.,* t. VIII, p. 746.
(3) *Ann. and magaz. of natur.*, hist. IX, p. 117.
(4) Müller's *Archiv,* p. 473. 1843.

glotte n'interceptent qu'une seule ouverture au lieu d'en former deux, comme dans les cas précédents.

B. Les larynx inférieurs, pourvus de muscles propres, s'observent chez les oiseaux dont la voix est le plus perfectionnée. Ces muscles impriment, en effet, au petit appareil phonateur des modifications qui ont pour but de changer son degré de tension et sa longueur. Il en résulte que l'état du larynx peut être modifié indépendamment des mouvements de la trachée, et pendant que celle-ci reste complétement immobile. Ici, il y a encore de grandes différences entre les divers oiseaux, sous le point de vue du nombre plus ou moins considérable de muscles dont leur larynx inférieur est pourvu; et sous ce rapport j'admettrai, avec Cuvier, trois divisions, suivant qu'il existe une seule paire de *muscles propres*, trois ou cinq paires de ces muscles.

a. — Lorsque le larynx ne présente qu'une seule paire de muscles, c'est-à-dire un muscle de chaque côté, chacun d'eux s'insère d'une part à la trachée, de l'autre à l'un des demi-anneaux de la bronche correspondante; leur contraction simultanée a pour résultat de faire remonter les premiers anneaux des bronches vers la trachée. Tantôt le muscle dont il s'agit s'attache au premier ou au deuxième demi-anneau bronchique, comme chez les aigles, les faucons, les gerfauts, les hobereaux, les buses, les éperviers, les autours, les griffons, le vautour brun; tantôt il s'insère au troisième demi-anneau, chez le martin-pêcheur, l'engoulevent; ou bien au cinquième demi-anneau, chez les hérons, les butors, le coucou, le grand-duc; ou bien enfin au septième demi-anneau, chez la chouette, la hulotte.

b. — Le larynx inférieur est pourvu de trois paires de muscles, chez le perroquet, et sa conformation présente quelques particularités. Ainsi les anneaux terminaux de la trachée sont soudés ensemble, et le dernier est presque carré, sans être muni d'une cloison. Les bronches forment deux tubes membraneux, garnis de pièces cartilagineuses. Le premier demi-anneau est plat, élargi, et a presque la forme d'un croissant dont le côté convexe est tourné en haut; les pointes sont aiguës et tournées en bas; les trois demi-anneaux suivants sont plats et soudés en une plaque demi-circulaire. Le côté convexe de cette plaque, au lieu d'être tourné en haut, comme le premier demi-anneau, est dirigé en bas. Les cinquième, sixième et septième demi-anneaux sont soudés à la plaque précédente, et entre eux, dans le milieu seulement. Les anneaux qui suivent ont la forme ordinaire jusqu'au niveau du point où la bronche entre dans le poumon. Le côté par lequel les bronches se regardent est membraneux, et les deux membranes, au lieu de rester distinctes, s'unissent à la hauteur des pointes du premier demi-anneau, de manière à ne constituer qu'un seul et même canal jusqu'au niveau de la trachée. C'est le rétrécissement que ce canal éprouve entre les bords inférieurs de ce demi-anneau, que l'on peut considérer comme la glotte de ce larynx (1). Les muscles annexés à ce petit appareil sont de chaque côté : un muscle constricteur principal, un muscle constricteur auxiliaire et un muscle laxateur de la glotte.

c. — Le larynx inférieur est muni de cinq paires de muscles chez les oiseaux chanteurs : à ce groupe se rattachent les rossignols, les fauvettes, les merles, les chardonnerets, les alouettes, les linottes, les serins, les pinçons, les hirondelles, les

____

(1) Pour la conformation du larynx du perroquet, voy. Dugès, *Physiologie comparée*, t. II, fig. 270 et 271.

moineaux, les étourneaux, les gros-becs, les geais, les pies, les corbeaux. Chez ces animaux, les derniers anneaux de la trachée se réunissent en une pièce de longueur variable, à peu près cylindrique dans le haut, évasée par en bas, où elle présente deux pointes obtuses, une antérieure, l'autre postérieure, qui sont réunies par un osselet transversal ; de telle façon que la trachée s'ouvre inférieurement par deux trous ovales communiquant avec les bronches séparément. Les trois premiers anneaux de chaque bronche sont plus rapprochés et plus plats que les suivants ; ils vont, en s'allongeant par derrière, du premier au troisième ; le quatrième anneau diminue subitement. Le premier anneau s'articule, par son extrémité antérieure, avec un petit cartilage ovale, qui est scellé à la membrane tympaniforme, et il fait en dedans une saillie qui est la lame vibrante ou la partie essentielle du larynx. L'entrée de l'air dans la trachée se fait par deux trous ovales, garnis, chacun à son bord externe, d'une lame saillante. Les cinq muscles qui existent de chaque côté de ce larynx sont : le *muscle releveur longitudinal des demi-anneaux*, le *muscle releveur postérieur des demi-anneaux*, et le *petit releveur*, dont la contraction a pour résultat de faire saillir la petite lame de la glotte ; le *releveur oblique* et le *releveur transversal*, qui ont surtout pour action de tendre avec force, et dans le sens transversal, la partie supérieure de la membrane tympaniforme. Tous ces muscles s'insèrent, d'une part, à la trachée, et de l'autre à l'un des premiers anneaux de chaque bronche correspondante.

II. La *trachée-artère* des oiseaux est formée d'anneaux cartilagineux ou osseux entiers ; et, sous ce rapport, il y a une différence bien frappante avec la trachée-artère des mammifères, dont les anneaux forment des portions de cercle. Elle offre une grande largeur ; la division de ce canal en bronches n'a lieu qu'à l'entrée du thorax, excepté chez les colibris, où la division s'effectue vers le milieu du cou. La longueur absolue de la trachée dépend donc, en général, de la longueur du cou de chaque oiseau. Chez quelques uns des animaux appartenant à cette classe, la longueur de la trachée est considérablement accrue par le fait de l'existence de replis et de circonvolutions, comme dans le coq de bruyère, les huccos, les pénélopes, les hérons, les butors, les cigognes, les grues, les cygnes. D'après G. Cuvier (1), ces contours se rencontrent principalement chez les mâles.

Les anneaux qui entrent dans la constitution de la trachée sont plus ou moins nombreux : chez quelques passereaux, on n'en trouve que trente à quarante ; les gallinacés en ont de cent à cent trente ; la cigogne en a environ cent quarante ; le héron près de deux cents ; le flamant et la grue environ trois cent cinquante.

J'ai dit que les anneaux sont complets ; il y a pourtant quelques exceptions à cette règle chez l'huîtrier, les œdicnèmes, les vautours, les manchots, etc. (2). Ces anneaux sont tantôt mous et cartilagineux, tantôt osseux en tout ou en partie. Les oiseaux chanteurs ont les anneaux de la trachée très minces, et les membranes qui les unissent flexibles et minces aussi. Les oiseaux de rivage et les palmipèdes ont les anneaux larges, presque contigus, et recouverts les uns par les autres.

Le casoar de la Nouvelle-Hollande présente une conformation spéciale : plusieurs des anneaux moyens de la trachée sont fendus en avant, de manière à circonscrire

(1) *Ouv. cit.*, t. VIII, p. 765.
(2) SIEBOLD et STANNIUS, *ouv. cit.*, t. II, p. 319.

une ouverture ovale à laquelle s'adapte un sac du volume d'une tête d'homme, que l'animal peut remplir d'air à volonté (1).

Chez les mâles de plusieurs plongeons et canards, on trouve des dilatations à la partie moyenne de la trachée.

La forme de ce conduit présente des variétés que l'on peut, avec G. Cuvier (2), rapporter aux quatre types suivants :

1° Trachées *cylindriques :* ce sont les plus nombreuses ; elles se voient chez les oiseaux chanteurs, les oiseaux de rivage qui ont la voix grêle et flûtée, beaucoup d'oiseaux de proie et de gallinacés.

2° Trachées *coniques :* elles représentent des cônes dont la partie élargie est tournée du côté de la bronche. Les dindons, les hérons, les butors, l'oiseau royal, le cormoran, le fou, se rapportent à ce groupe.

3° Trachées à *renflements subits :* ce sont les plus rares ; on les observe chez le garrot, la double macreuse.

4° Trachées à *renflements insensibles :* le genre des harles, les canards mâles.

Chez quelques oiseaux, la trachée est divisée en deux moitiés latérales par une cloison. Cette cloison a été observée chez le pingouin par Jœger (3), chez les pétrels par Meckel ; d'après ce dernier anatomiste, il en existe également des vestiges chez l'*Anas clangula.*

Je ne reviendrai pas sur les muscles de la trachée, qui ont été décrits plus haut avec le larynx inférieur. J'ajouterai seulement que les muscles que l'on rencontre le plus souvent sont les sterno-trachéens. Les ypsilo-trachéens manquent chez les rapaces, les pigeons, les autruches, les scolopacidées, les fulicariées, etc.

III. Le *larynx supérieur* occupe la partie la plus élevée de la trachée, derrière la base de la langue. Son ouverture présente la forme d'une fente longitudinale à la partie postérieure de laquelle se rencontrent des papilles épithéliales de forme variable. Au niveau de cette ouverture, il n'existe pas de repli précisément assimilable à l'épiglotte des mammifères ; on trouve néanmoins quelquefois un cartilage qui paraît tenir lieu de cet opercule.

Le larynx supérieur est formé de quatre ou six pièces. La principale est l'analogue du cartilage thyroïde ; le cartilage cricoïde et les cartilages aryténoïdes constituent les autres pièces.

Le *cartilage thyroïde* est formé d'une portion principale antérieure et de deux portions postérieures moins élevées ; ces dernières ne se rejoignent pas sur la ligne médiane. Au bord supérieur du thyroïde, se montre parfois une apophyse épiglottique ordinairement cartilagineuse, rarement ossifiée. Cette apophyse est aplatie, large et entièrement osseuse dans la cigogne et le héron ; dans les gallinacés, les canards et les mouettes, elle est molle et mince (4). Chez quelques échassiers et palmipèdes, on trouve une sorte de cartilage épiglottique distinct, uni par une suture au cartilage thyroïde. Dans quelques genres, canards, cygnes sauvages, cigognes, grues, fruigelles, la face interne du cartilage thyroïde est divisée dans sa longueur par une crête médiane cartilagineuse.

Le *cartilage cricoïde*, à l'état rudimentaire, ne forme pas un anneau com-

(1) CARUS, *Anatomie comparée*, t. II, p. 214, et FRÉMERY, *De casuario Novæ-Hollandiæ.* Trajecti, 1819.

(2) *Ouv. et t. cit.*, p. 766.

(3) MECKEL'S *Archiv*, 1832, IV, p. 48.

(4) HENLE, *Vergleich. anatomisch. Beschreib. des Kehlkopfes.* Leipzig, 1839, pl. V, fig. 32-34.

plet comme dans les mammifères; il est logé entre les bords internes des portions postérieures du cartilage thyroïde. De chaque côté de son bord supérieur, existe une facette articulaire pour les cartilages aryténoïdes.

Les *cartilages aryténoïdes* sont grêles, allongés, triangulaires; ce sont eux qui limitent l'ouverture ou la fente que présente le larynx supérieur.

Le larynx supérieur des oiseaux diffère de celui des mammifères par l'absence de cordes vocales. Quelquefois pourtant on rencontre des plis longitudinaux étendus entre les extrémités des cartilages aryténoïdes, et qui s'insèrent dans la cavité du larynx, sur la saillie longitudinale que présente la face interne du cartilage thyroïde (1).

Chez tous les oiseaux, il existe trois paires de muscles annexés au larynx supérieur: les muscles *trachéo-hyoïdiens* qui l'élèvent en même temps que la trachée; les *muscles thyro-aryténoïdiens postérieurs* qui le dilatent; et les muscles *thyro-aryténoïdiens latéraux* qui le resserrent.

Production de la voix chez les oiseaux.

G. Cuvier attachait une grande importance à l'étude de la voix des oiseaux : il a consacré, à ce sujet, un chapitre entier de son *Anatomie comparée* (2), et a entrepris des expériences qui ont puissamment contribué à éclairer cette difficile question.

L'appareil vocal des oiseaux paraissait à notre illustre naturaliste plus simple que celui des mammifères, et plus conforme à quelques uns de nos instruments de musique. « Nous sommes bien éloignés, dit-il, d'avoir une théorie aussi complète de ceux-ci (les mammifères) que des précédents (les oiseaux), ni de pouvoir observer une marche aussi ferme dans leur description. »

Nous ne partageons pas complétement cette opinion ; car le larynx double des oiseaux nous paraît une difficulté de plus à surmonter. Si l'on ne considère que cette classe particulière d'oiseaux, les *gallinacés*, qui n'ont véritablement qu'une glotte surmontée d'un tuyau sonore, fermé partiellement à sa partie supérieure, c'est avec raison qu'on place un tel appareil le premier pour la simplicité ; mais, si l'on cherche, au contraire, à déterminer le jeu simultané des deux larynx, on éprouve des difficultés d'autant plus grandes que les physiciens ne se sont pas occupés de tuyaux ainsi embouchés.

G. Cuvier a prouvé, à l'aide d'expériences nombreuses et faciles à répéter, que le larynx inférieur des oiseaux est exclusivement le siége de la voix, ou mieux l'origine des vibrations vocales. Il a coupé la trachée d'un merle vivant, au milieu de sa longueur, et l'animal a continué de pousser des cris plaintifs. La même opération a réussi sur une pie, dont les cris n'ont été ni moins forts, ni moins aigus, après qu'avant la vivisection. Le bout supérieur de la trachée ayant été volontairement oblitéré, il n'est survenu aucun changement dans les sons, qui ont duré pendant dix minutes, jusqu'à ce qu'un caillot de sang eût étouffé l'animal. Une cane, à laquelle on avait coupé la trachée transversalement, criait encore avec autant de force et avec le même timbre. Après avoir bouché la partie supérieure du larynx d'une cane ainsi opérée, et lui avoir lié le bec pour empêcher

---

(1) SIEBOLD et STANNIUS, *ouv. et t. cit.*, p. 348.
(2) T. VIII, p. 730 et p. 772, deuxième édition.

toute communication avec la partie inférieure, les cris n'ont diminué ni en force ni en étendue.

Nous avons répété, avec succès, toutes ces expériences : le larynx supérieur d'une cane a été incisé largement dans le sens de son axe, et la voix n'a pas été modifiée. Après avoir coupé la trachée au milieu de sa longueur, nous avons, pour rendre la respiration plus facile, attaché, à l'aide d'un crochet et d'un fil, l'extrémité ouverte de la partie inférieure de ce conduit, sur le cou, et abandonné l'animal à lui-même. Il a continué à crier ; sa voix paraissait néanmoins un peu plus grave ; ce qui peut tenir au relâchement des muscles du larynx résultant de l'affaissement de la trachée. Nous avons alors lié le bec, sans que l'animal cessât de produire des sons. Comme, pendant le cri, les poches aériennes étaient fortement tendues, il était permis de leur supposer une influence sur la voix ; elles ont été perforées, et l'oiseau a encore proféré des cris éclatants.

Savart (1), ayant divisé les filets nerveux qui longent la trachée et se distribuent au larynx inférieur, a constaté que les sons étaient devenus plus faibles, voilés et analogues à ceux d'une anche, ce qu'il attribue au relâchement des cordes qui forment la glotte.

Il résulte de ces diverses expériences que la glotte inférieure est seule nécessaire, avec le tuyau trachéen, à la production de la voix des oiseaux, et que le larynx supérieur est seulement utile pour la variation et la modulation des sons sur lesquels les poches aériennes n'ont aucune influence.

L'organe vocal des oiseaux est donc essentiellement constitué, comme celui des mammifères, *d'un ou de deux orifices sonores*, et d'un tuyau renforçant destiné à la détermination des tons. On y rencontre, en outre, un larynx supérieur qui agit comme la glotte supérieure de quelques mammifères, pour modifier le ton du tuyau sonore en influant en même temps sur l'écoulement de l'air.

Nous ne saurions trop insister sur ces principes généraux qui ramènent à une même cause des phénomènes qu'on avait trop séparés jusqu'à présent.

Théorie de G. Cuvier. — « L'instrument vocal des oiseaux, dit cet anatomiste, est un tube à l'embouchure duquel est une anche membraneuse, ou, pour parler plus exactement encore, *deux lèvres* qui représentent celles du joueur de cor de chasse.

» Cette *anche* peut être raccourcie ou allongée dans le sens de sa hauteur, et tendue ou relâchée dans le sens transversal. Cet allongement et ce relâchement rendent les sons plus graves ; le raccourcissement et la tension rendent les sons plus aigus. A ces deux sources de modifications se joignent les changements de largeur de l'ouverture et les différentes vitesses de l'air qui en résultent ; mais tant qu'il n'y a que l'anche de changée, et que la largeur de la trachée et son orifice supérieur restent les mêmes, les variations de sons seront bornées aux *harmoniques* du son le plus grave (2). »

A ces causes qui peuvent influencer sur le ton de la voix des oiseaux, G. Cuvier ajoute les variations de longueur de la trachée, et l'occlusion plus ou moins complète de ce tuyau par le larynx supérieur.

On voit qu'ici Cuvier a donné, non pas une théorie de la voix, mais une

---

(1) *Mémoire sur la voix des oiseaux.* Dans *Ann. de phys. et de chim.*, t. XXXII, p. 128.
(2) G. CUVIER, *ouv. cit.*, t. VIII, p. 737.

simple comparaison ; qu'il s'est contenté de ranger l'organe vocal des oiseaux dans la classe des instruments à bouche, de la nature des cors ou des trompettes, auxquels il réunit à tort, selon nous, les instruments d'orgues nommés *jeux d'anche*. Par cette addition, il diminue autant l'importance de sa comparaison, que par l'explication qu'il donne de la production des sons dans les instruments à bouche, en les attribuant aux vibrations des lèvres qui se comportent comme les lames des tuyaux à anche.

Les détails qui ont été donnés précédemment sur ces instruments sonores rendent inutiles les observations que nous pourrions faire sur la théorie physique des instruments à vent, admise par G. Cuvier, et qu'on ne saurait appliquer aux lèvres si petites de la glotte des oiseaux. On ne peut admettre que ces ligaments, si fins et si courts, puissent, par eux-mêmes, produire des sons aussi intenses que ceux de la plupart de ces animaux. D'autre part, pour une ouverture et une tension déterminées de la glotte, les oiseaux ne pourraient faire entendre qu'un son, comme dans les tuyaux à anche solide ou membraneuse, et ne produiraient pas les harmoniques du son fondamental, comme le suppose Cuvier, et comme l'a constaté Savart (1) : ayant rapidement enlevé la trachée-artère et les bronches d'un oiseau chanteur qu'il avait fait périr à l'instant même, Savart avait obtenu, en soufflant dans cet organe, le même son que celui arraché à l'animal par la frayeur peu d'instants avant sa mort ; puis, en variant la vitesse du vent, il avait obtenu tous les sons possibles compris dans un intervalle d'environ une octave et demie. Cette expérience, faite sur des merles, des étourneaux, des linottes, etc., prouve que des sons, très éloignés les uns des autres, peuvent être produits par le larynx inférieur des oiseaux, sans que l'état de cet organe subisse aucun changement important.

Tout en laissant à Cuvier le mérite de sa comparaison, les précédentes considérations ne permettent pas d'assimiler la glotte des oiseaux à une anche ordinaire, susceptible de vibrations sonores.

Théorie de Savart. — Il est incontestable que Savart a tracé et suivi la véritable route dans la recherche des causes qui produisent la voix chez les oiseaux. Ce physicien s'est élevé à une grande hauteur de conception et de vue dans ses travaux anatomiques, ses comparaisons et sa théorie que d'autres expériences projetées auraient élevée au rang des vérités les mieux établies. Pour ne pas altérer la netteté et la précision de langage, dans un travail qui a occupé Savart pendant de longues années, nous croyons rendre service au lecteur en reproduisant la partie de son mémoire dans laquelle il explique la formation de la voix chez les oiseaux :

« En supposant, dit-il, le tuyau vocal des oiseaux embouché à la manière de nos tuyaux d'orgues, il devrait donc, par de simples variations dans sa tension, être susceptible de produire plusieurs sons, en général plus graves que celui que la colonne d'air qu'il contient ferait entendre dans un tube de même dimension, opposant une résistance invincible au mouvement. Mais son mode d'embouchure, qui n'a point d'analogue dans nos instruments de musique, présente une disposition particulière d'où il résulte, de la part des parois du tube, une influence beaucoup plus considérable sur le nombre de vibrations de la colonne d'air. Comme

(1) *Mém. cit.*, p. 122.

nous l'avons vu plus haut, l'extrémité supérieure de chaque bronche présente un rétrécissement produit en dedans par l'aryténoïde et les bourrelets de la lèvre interne, en dehors par le cordon vocal externe et le mouvement de rotation du troisième osselet qui porte ce cordon en dedans; et de ces mouvements combinés, il résulte que la partie membraneuse et supérieure de ce petit tuyau affecte des tensions d'autant plus grandes que le passage que l'air traverse devient plus étroit : on conçoit que, par cette disposition, les membranes excessivement minces qui entourent le larynx doivent entrer en vibration bien plus facilement que ne le peuvent faire les parois cylindriques, ou même planes d'un tuyau ordinaire. On peut se faire une idée de ce mode d'embouchure par l'expérience suivante, qui est plus connue des enfants que des physiciens. Si l'on prend une tige creuse de quelque plante, qu'on la saisisse entre les lèvres en la comprimant légèrement ; qu'ensuite on y fasse passer un courant d'air, il se produit des sons qui ont une gravité extraordinaire, eu égard à la longueur et au diamètre de la colonne d'air. Il est évident que les parois du tube entrent très fortement en vibration; car on les sent frémir sous les lèvres et entre les doigts qui les touchent. Un pareil tuyau, d'un très petit diamètre, et d'environ deux pouces de longueur, peut donner des sons aussi graves que ceux de la voix humaine. Par de simples variations apportées dans la vitesse du courant d'air, on peut ainsi produire quatre ou cinq sons autour de celui qui sort le plus facilement.

» Il semble que la production même du son dans cette circonstance puisse s'expliquer de la manière suivante : La partie du tube qui est dans la bouche conserve d'abord sa cylindricité, elle s'aplatit ensuite légèrement entre les lèvres; or, comme le tube est élastique, cette portion aplatie tend à revenir à sa première forme, en même temps que l'air, poussé avec force, conspire à produire un effet semblable ; cet effet a donc lieu en partie parce que les lèvres, comme corps élastiques, cèdent à la pression, mais ensuite elles réagissent; puis le tube est de nouveau dilaté, et ainsi de suite. En même temps que les lèvres rétrécissent le tuyau par leur réaction, l'air se comprime dans la partie du tube que la bouche contient, et il se dilate, au contraire, quand les lèvres cèdent à la tendance des parois pour revenir à leur position naturelle : il résulte de cette double action que la colonne d'air et les parois du tube sont ébranlées en même temps avec beaucoup de force, et qu'en conséquence le son acquiert beaucoup d'intensité. Chez les oiseaux, le rétrécissement du canal étant produit par des cordons élastiques réunis aux parois mêmes du tuyau, cette disposition est sans doute beaucoup plus favorable à la production de l'effet que nous venons d'indiquer.

» On a voulu comparer l'embouchure du tuyau vocal des oiseaux à une anche libre ; mais il est évident, d'après ce que nous venons de dire des tuyaux élastiques, que cette comparaison n'est pas exacte. D'ailleurs, si elle l'était, les oiseaux ne pourraient faire entendre qu'un seul son à l'occasion d'une ouverture déterminée des lèvres de leur glotte; mais l'expérience montre qu'il n'en est pas ainsi. En effet, si l'on enlève avec promptitude la trachée-artère et les bronches d'un oiseau chanteur qu'on vient de faire périr à l'instant même, qu'on souffle de l'air dans cet organe, on entend aussitôt un son, qui est ordinairement le même que celui que la frayeur arrachait à l'animal peu d'instants avant sa mort; et ensuite, si l'on varie la vitesse du courant d'air, on peut ainsi produire tous les sons possibles compris dans un intervalle d'environ une octave et demie. Cette expérience, que j'ai faite sur des merles, des étourneaux, des linottes, des chardonnerets, des

alouettes, etc., montre que plusieurs sons très éloignés les uns des autres peuvent
être donnés par le larynx inférieur des oiseaux, sans que l'état de cet organe
subisse aucun changement important : on sait que les anches ne donnent, au
contraire, qu'un seul son qui n'est que très légèrement influencé par la vitesse
plus ou moins grande du courant d'air.

» Une dernière preuve que les membranes élastiques jouent un rôle important
dans la production des sons par le larynx inférieur des oiseaux, c'est l'existence de
cette petite membrane placée au-dessus de la traverse osseuse du tambour, membrane qui ne se trouve bien développée que chez les oiseaux qui chantent le
mieux, ou qui peuvent facilement apprendre à parler, et qui n'existe chez aucun
de ceux qui sont privés de ces avantages. Pour découvrir le rôle que joue cette
petite cloison membraneuse, il faut disposer d'une manière analogue un ruban
étroit et mince, de baudruche, par exemple, à l'orifice d'un petit tube cylindrique
à travers lequel on fait passer un courant d'air ; il se produit, par ce procédé, des
sons fort graves et très intenses relativement à la longueur et au diamètre du tube ;
le degré qu'ils occupent dans l'échelle musicale dépend de la tension de la membrane et de la vitesse du courant d'air. Sous l'influence de ces deux causes, le son
peut varier de plus d'une octave. Chez les oiseaux, cette membrane étant composée
de deux feuilles qui ne sont que la continuité des membranes tympaniformes, la
lèvre interne de la glotte ne peut pas se tendre et l'orifice de chaque bronche ne
peut pas se rétrécir, sans que la membrane semi-lunaire se tende aussi; réciproquement, quand la glotte s'ouvre, tout l'appareil se trouve détendu. Ainsi, en
vertu des lois de la communication des vibrations, si quelqu'une de ces parties est
d'abord ébranlée, toutes les autres doivent participer à son mouvement; et
comme elles tiennent aux parois mêmes du tuyau vocal, tout ce système doit
résonner conjointement avec la colonne d'air et en influencer beaucoup le nombre
des vibrations.

» La gravité des sons que peuvent produire les oiseaux n'est donc plus un phénomène inexplicable : elle dépend évidemment de l'élasticité des parois du tuyau
vocal et de son mode d'embouchure; mais ce tuyau présente encore une autre
particularité importante à examiner, c'est qu'il est armé d'une double embouchure, disposition qui contribue beaucoup à l'intensité du son et à sa pureté. En
effet, si l'on construit un tuyau d'orgues en forme d'Y, et portant une embouchure
à chacune de ses deux petites branches, les qualités du son sont très différentes
selon qu'on souffle dans un de ces petits tuyaux ou dans les deux à la fois : dans ce
dernier cas, il acquiert une intensité et une rondeur dont il est bien loin dans le
premier, et dont les tuyaux d'orgues ordinaires n'approchent jamais. Cet effet
tient sans doute à ce que les ondulations parties de chacune des embouchures se
superposent parfaitement dans toute l'étendue du système, ce qui augmente l'amplitude des oscillations des particules de l'air. Les sons produits ainsi peuvent
acquérir de l'intensité par l'accélération du courant d'air, sans que le ton monte
sensiblement ; et quand on veut faire produire en même temps des sons différents
aux deux embouchures, on ne peut pas y réussir; le plus grave étouffe toujours
le plus aigu, qui se met tout de suite à l'unisson. Il est donc évident, d'après cela,
que c'est principalement à la double embouchure de leur tuyau vocal que les oiseaux
doivent la faculté d'émettre des sons si remarquables par leur intensité. Cette
expérience serait susceptible de plusieurs applications : on voit d'abord qu'il y
aurait de l'avantage à mettre une double embouchure aux tuyaux d'orgues fort

longs qui, comme on sait, parlent toujours très difficilement et ne donnent que des sons sourds et peu agréables. On conçoit ensuite que, par ce procédé, on pourrait perfectionner les cornets acoustiques, les porte-voix et les stéthoscopes.

» Il était d'autant plus nécessaire que le tuyau vocal des oiseaux présentât un moyen particulier pour le renforcement du son, qu'il est d'un diamètre très petit relativement à sa longueur; car on sait que les tuyaux dont la longueur est au diamètre environ comme 30 ou 40 est à 1, parlent avec beaucoup de peine, surtout quand on veut leur faire rendre leur son fondamental : c'est là justement le cas de la trachée-artère des oiseaux. En outre, le peu de volume de la colonne d'air semble être par lui-même un obstacle à la production des sons. Mais l'expérience montre que des tuyaux faits avec des tubes capillaires de mêmes dimensions que la trachée de nos petits oiseaux, peuvent non seulement donner avec facilité leur son fondamental, mais encore que ce son est beaucoup plus intense qu'on n'aurait pu le présumer.

» Tels sont, en général, les faits sur lesquels il nous paraît que doit reposer l'explication du mécanisme de la voix des oiseaux. On conçoit, en effet, que chez ceux dont le larynx est privé de muscles propres, comme les coqs, les perdrix, les dindons, les cailles, etc., et dont la trachée est rétrécie inférieurement, ou bien dont les bronches présentent un rétrécissement vers leur partie supérieure, l'organe est réduit à un véritable tuyau à parois membraneuses et élastiques, ébranlé par le courant d'air : en conséquence, le nombre des sons possibles doit être très limité, puisqu'il dépend uniquement de la vitesse du courant d'air, et de l'influence que les puissances qui élèvent ou qui abaissent la trachée peuvent exercer sur la tension de la partie membraneuse de l'organe. Ainsi, les sons seront d'autant plus graves que la trachée sera plus longue, que son diamètre sera plus considérable, et qu'elle sera formée de parois plus minces.

» Chez les oiseaux dont le larynx présente un ou deux muscles propres susceptibles d'apporter des variations dans le diamètre de la glotte et dans la tension de l'extrémité inférieure de la trachée, le nombre des sons possibles deviendra plus grand, et les diverses intonations devront se faire avec moins d'effort de la part des organes qui servent à l'expiration. Chez certains oiseaux de cette classe, on rencontre une disposition particulière qui doit même leur permettre de varier les sons jusqu'à un certain point. Par exemple, dans le pigeon ordinaire, les diverses espèces de tourterelles et le pigeon colombin, les deux derniers anneaux de la trachée sont articulés ensemble antérieurement et postérieurement; mais ils laissent entre eux, de chaque côté, un espace fort large qui est rempli par une membrane tendue, à la face externe de laquelle s'attache l'extrémité inférieure du muscle propre, tandis que sa face interne est recouverte par une couche d'une substance analogue à celle qui forme le cordon vocal externe des oiseaux chanteurs : à l'intersection des bronches, on trouve un bourrelet formé de cette même substance.

» Chez les oiseaux dont le larynx est environné de cinq ou six paires de muscles propres, mais sans membrane semi-lunaire, la voix est déjà plus variée; cependant elle se réduit encore à une sorte de gazouillement assez sourd et à des espèces de cris le plus généralement aigus; c'est ce qu'on observe dans les moineaux, les gros-becs, les roitelets, etc. En effet, outre que l'absence de la membrane semi-lunaire prive l'animal d'un moyen important pour apporter de grandes modifications dans la production des sons, elle a aussi pour résultat de diminuer le nombre des tensions possibles de la membrane tympaniforme; c'est comme si son étendue était moins considérable.

» Enfin, chez les oiseaux dont le larynx est pourvu de cinq ou six paires de muscles propres et de membrane semi-lunaire, cet organe présente une foule de moyens pour modifier et varier les sons d'une infinité de manières différentes. Les lèvres de la glotte formées par des cordons ou bourrelets d'une substance molle et en même temps très élastique ; le mouvement du troisième osselet et celui du petit cartilage aryténoïde, qui, sous l'influence des muscles qui les mettent en jeu, peuvent graduer avec une précision extrême le diamètre de la glotte; et la tension des membranes semi-lunaire et tympaniforme, l'action des muscles abaisseurs de la trachée qui peuvent raccourcir cet organe ou l'abandonner à lui-même, tandis que les muscles propres impriment au larynx diverses modifications ; enfin, la ténuité excessive de toutes les membranes qui constituent cet appareil, aussi admirable par le fini de ses détails que par les résultats qu'il produit, tels sont les principaux moyens que les oiseaux chanteurs·ont à leur disposition, non seulement pour varier le degré des sons, mais encore pour leur imprimer une foule de caractères particuliers dont nos instruments de musique ne sont pas susceptibles. Ainsi, le chant de la plupart des oiseaux, d'un serin, par exemple, se compose de sons de flûte, de sons qui ont une certaine analogie avec ceux de la voix humaine, de sons d'anche très criards, et les sons de chacune de ces espèces peuvent encore différer par le timbre, l'éclat et la pureté.

» Il est extrêmement probable que la membrane semi-lunaire est le principal agent de la production des sons d'anche ; car telle est la nature des sons d'un tuyau dans lequel l'air est mis en vibration par une petite membrane placée à son orifice, et telle est aussi la nature des sons que font entendre les oiseaux chez lesquels la membrane semi-lunaire est le plus développée, comme les corneilles, les pies, les geais, les étourneaux. Il est extrêmement probable que, lors de la production des sons de cette espèce, la glotte est en général plus relâchée et plus ouverte que pour la production des sons de flûte. En effet, lorsqu'on opère la section transversale de la trachée sur des oiseaux vivants, ce qui produit sans aucun doute le relâchement de la glotte, puisque les nerfs qui se distribuent au larynx inférieur sont coupés en même temps, on remarque que ces oiseaux ne peuvent plus produire que des sons plus ou moins sourds, plus ou moins criards, et toujours analogues à ceux des anches : c'est ce que j'ai pu observer sur des linottes, des alouettes, des chardonnerets, des bouvreuils, des étourneaux, etc.

» La double embouchure de la trachée des oiseaux est encore une disposition qui doit leur permettre de varier facilement les qualités des sons, et particulièrement leur intensité ; car il ne paraît pas douteux qu'ils peuvent faire parler ces deux glottes ensemble ou séparément. Ce qui le prouve, c'est d'abord que, quoique l'organe vocal soit situé dans le plan médian du corps, il ne présente cependant aucun muscle impair; ensuite, c'est que, comme nous l'avons remarqué plus haut, les parties qui constituent chaque glotte considérée en particulier sont toujours plus développées d'un côté du corps que de l'autre ; enfin, c'est que si l'on coupe sur un oiseau vivant l'un des deux nerfs qui se distribuent au larynx inférieur, il conserve son chant avec toutes les modifications qui lui sont propres, abstraction faite de l'intensité qui est sensiblement diminuée.

» La faculté d'ouvrir et de fermer plus ou moins l'extrémité supérieure de leur trachée est encore un moyen dont les oiseaux doivent faire un fréquent usage pour modifier le son ; toutefois, l'effet qui résulte de cette action doit être bien moins considérable qu'on ne l'a prétendu ; car, lorsqu'on ferme graduellement l'extrémité d'un tuyau très étroit dans lequel on fait résonner de l'air, le son cesse de se produire après qu'il s'est abaissé d'un ton ou au plus d'une tierce mineure ; de sorte qu'il paraît que les oiseaux ne doivent guère employer ce moyen que quand il s'agit de passer subitement d'un ton à un autre qui en est peu distant, par exemple, dans les cadences.

» Enfin, le tuyau vocal des oiseaux présente une particularité fort remarquable, qui consiste dans la terminaison de son extrémité supérieure ; car l'air contenu dans le bec fait certainement partie de la colonne d'air vibrante, et l'on ne peut pas en douter quand on fait attention à la multiplicité des mouvements de la langue des oiseaux pendant qu'ils chantent, ainsi qu'aux variations continuelles qu'ils font éprouver à l'ouverture de leur bec. En effet, si l'on tire hors de la poitrine les bronches et le larynx d'un oiseau qu'on vient de faire périr, qu'on souffle de l'air dans cet organe de façon à le faire résonner, tandis qu'on ouvre le bec plus ou moins, et qu'on fait prendre différentes positions à la langue et à la tête, on remarque que ces seules circonstances peuvent faire varier le son environ d'un demi-ton. »

Toute cette partie du mémoire de Savart est d'une rigoureuse exactitude, comme faits et comparaison, et nos réflexions ne porteront que sur l'explication qu'il a donnée des sons produits par les tiges végétales.

Savart considère l'élasticité des lèvres et du tube comme un élément essentiel, propre à déterminer les changements de densité de l'air, à l'orifice, par les variations périodiques de son ouverture. Nous ne saurions adopter cette opinion, attendu que les expériences de Masson ont mis hors de doute que les phénomènes seraient encore les mêmes, si l'embouchure était solide et munie d'une simple fente de grandeur et de forme invariables. Il a été démontré, en outre, par ce physicien, que l'état membraneux des parois de l'embouchure influaient sur le ton par les vibrations de celles-ci ; mais que ces vibrations n'étaient qu'un effet secondaire, le son résultant alors de la même cause que dans le sifflement oral. Dans ce phénomène, on sait très bien que l'orifice reste parfaitement fixe en dimension pour un son déterminé, et que les mouvements des lèvres, pendant l'écoulement de l'air, sont l'effet et non la cause du mouvement vibratoire de ce fluide.

Qu'il nous soit permis de faire observer que les mémoires de Savart, sur la voix humaine et celle des oiseaux, ont précédé de plusieurs années ses beaux travaux sur l'écoulement des fluides auxquels il devait mettre la dernière main pour compléter une théorie qu'il a considérée, jusqu'à ses derniers moments, comme un grand progrès vers la vérité.

Nous serions heureux si, ne pouvant achever, comme l'aurait fait ce physicien, des travaux si difficiles et si importants pour les sciences naturelles, nous étions parvenus à établir que la marche, adoptée par lui, est la seule qui puisse conduire à une théorie exacte de la voix.

Conclusions. Le son, chez les oiseaux, est produit originairement par l'écoulement périodiquement variable de l'air à travers les glottes inférieures ; il est renforcé par un tuyau membraneux qui est la trachée.

La hauteur du son dépend de la pression de l'air qui, pour un même son, peut rester comprise entre des limites données entre lesquelles la variation de pression détermine l'intensité.

Sans le tuyau, la glotte produirait des sons ascendants d'une manière continue avec la pression, comme dans la sirène ; mais la réaction des vibrations de la colonne d'air sur celles de l'embouchure maintient constant le son de l'orifice entre certaines limites de pression.

La grandeur de la glotte s'accommode toujours aux dimensions du tuyau pour la série des sons qu'il doit produire.

Le ton du tuyau est déterminé : 1° par sa longueur variable ; 2° par la tension de ses parois plus ou moins membraneuses ; 3° par l'ouverture variable du larynx supérieur ; 4° enfin par la production d'harmoniques possibles à cause de la grande longueur du tuyau sonore et des modifications que la glotte peut recevoir indépendamment de celles de la trachée.

Les membranes tympaniforme de G. Cuvier, et semi-lunaire de Savart, réagissant par leurs oscillations sur l'état vibratoire de l'air, modifient le son et tendent à l'abaisser.

APPAREIL VOCAL ET VOIX DES REPTILES.

Tous les animaux appartenant à la classe des reptiles n'ont pas un appareil vocal propre à engendrer des sons, et ceux-là même qui possèdent un appareil de ce genre présentent de grandes différences dans la force et le timbre des sons qu'ils produisent. L'absence de larynx inférieur distingue nettement les organes vocaux des reptiles de ceux des oiseaux.

Chez les *reptiles propres*, le larynx se compose, en général, de trois pièces cartilagineuses : un cartilage principal formant un anneau complet, que l'on peut appeler cartilage *thyro-cricoïde ;* deux cartilages petits et grêles qui forment une partie ou toute l'étendue du bord de la glotte, *cartilages aryténoïdes.* La cavité du larynx est unie, sans cordes vocales, sans ventricules ; c'est seulement dans quelques uns de ces animaux qu'on rencontre exceptionnellement ces derniers organes. A cet appareil cartilagineux se trouvent annexés trois muscles, dont deux sont des dilatateurs, et l'autre un constricteur.

Dans les *chéloniens*, le larynx est petit, les rubans vocaux manquent complétement. G. Cuvier (1) a trouvé, dans une grande tortue de terre de Madagascar, une crête membraneuse, triangulaire, attachée au bas du larynx qu'elle partage en deux. Dans la *chelone midas,* le thyroïde est complétement distinct du cricoïde ; la fente de la glotte est recouverte en avant par un repli membraneux qui tient lieu d'épiglotte, et qui peut-être sert à la production de quelques sons. Il serait inutile d'insister davantage sur les animaux qui appartiennent à cet ordre ; on s'accorde généralement à reconnaître qu'ils sont privés de voix.

Dans le crocodile, le larynx est constitué par trois pièces ; la glotte est purement membraneuse. Chez le *caïman à museau de brochet,* c'est un anneau cylindrique surmonté par les cartilages aryténoïdes ; l'arc que forme chaque cartilage aryténoïde, en dedans de la glotte, est recouvert, et un peu débordé par la muqueuse ; il existe un muscle constricteur et un muscle dilatateur de la glotte. Les crocodiles

______

(1) *Leçons d'anatomie comparée,* t. VIII, p. 808.

et les caïmans paraissent doués d'une voix qui a été comparée au miaulement du chat, dans le jeune âge ; à des sanglots entrecoupés ou à des mugissements, dans l'âge adulte.

Chez les *sauriens* propres, les cordes vocales manquent. La tension volontaire de la glotte permet néanmoins à plusieurs d'entre eux d'émettre des sons vocaux : je citerai les geckos, dont le cri ou croassement sourd ne peut être qu'un son laryngien. Dans le caméléon, les branches de chaque aryténoïde sont garnies d'une membrane tendue, dirigée en arrière, et vibratile. Il existe aussi un petit sac membraneux, qui s'ouvre entre la plaque inférieure du larynx et le premier anneau de la trachée.

Chez les *ophidiens*, les cartilages du larynx se soudent entre eux, de manière à se confondre. Le cartilage principal est un thyro-cricoïdien ; il est surmonté d'apophyses qui répondent aux cartilages aryténoïdes. La trachée-artère est deux à quatre fois aussi longue que le larynx ; elle est formée d'un nombre d'anneaux variable ; il y en a quarante dans l'orvet, cent dans la couleuvre à collier , trois cent cinquante dans le *python tigris*. Les serpents n'ont pas de véritable voix ; leurs sifflements ne méritent pas ce nom. Dans les crotales ou serpents à sonnettes, il existe, à l'extrémité de la queue, un appareil qui se compose de cornets écailleux, lâchement emboîtés les uns dans les autres, qui se meuvent, vibrent et résonnent, quand l'animal remue la queue. Le nombre de ces grelots augmente avec l'âge ; il en reste un de plus après chaque mue , et ils sont formés par l'épiderme du serpent, retourné sur lui-même comme un doigt de gant , et retenu à l'extrémité postérieure de la queue. Les vibrations que cet instrument accomplit, et qui produisent un bruit assez fort pour être entendu à une certaine distance, n'ont, comme on le voit, aucun rapport avec les bruits vocaux.

Dans les *reptiles amphibies* , la conformation de l'appareil vocal diffère suivant les familles. Dans les *cécilies*, le larynx ressemble à celui des ophidiens. Dans les batraciens anoures, le cartilage thyroïde manque ; il n'existe qu'un cartilage cricoïde et deux cartilages aryténoïdes. Chez les grenouilles et les rainettes, le larynx se compose d'un anneau mince, situé à la partie inférieure et postérieure de l'organe, avec deux apophyses de chaque côté, qui sont l'origine de chacune des bronches. Sur le devant de ce cartilage s'articulent deux pièces ovales, convexes en dehors, concaves en dedans, comparées par Cuvier (1) à des corps de timbales ; ce sont les cartilages aryténoïdes qui supportent à leur sommet de très petits cartilages cunéiformes. Sur le bord inférieur de chacun des aryténoïdes est tendue, en dedans, une membrane qui coupe à angle droit la direction de l'air ; le bord de cette membrane forme le ruban vocal. Outre ces cordes, il y en a encore d'autres placées au-dessous, et formées par un mince repli de la muqueuse. Au-dessus du ruban vocal est l'ouverture du ventricule de la glotte , qui occupe la cavité du cartilage aryténoïde. La trachée manque complétement. Trois muscles sont annexés à cet appareil : deux muscles dilatateurs, un muscle constricteur de la glotte.

Il existe encore, chez un grand nombre de batraciens, des organes vocaux accessoires : ce sont des espèces de poches membraneuses, extensibles, situées de chaque côté de la mâchoire inférieure, qui s'ouvrent dans la bouche sur les côtés de la langue. Ces sacs s'enflent quand les grenouilles crient ; on ne les trouve ni chez les

(1) *Loc. cit.*

grenouilles femelles, ni chez les crapauds. On se rend ainsi compte du caractère éclatant que présente la voix des mâles des batraciens. Les sacs dont il s'agit servent, en effet, au renforcement du son; ils reçoivent l'air chassé avec bruit du larynx, et l'y font rentrer aussitôt par la contraction de la couche musculaire dont ils sont revêtus. Ce mécanisme explique encore comment ces animaux, qui ont une respiration si peu active, peuvent soutenir longtemps les exercices vocaux, et peut-être même produire sous l'eau un léger grognement.

Dans le *pipa*, le larynx est une boîte cartilagineuse, oblongue, échancrée en arrière dans son bord moyen et inférieur, d'où l'on voit sortir deux petites bronches. La glotte représente une ouverture étroite entre les sommets des aryténoïdes. Deux espèces de rubans vocaux se voient de chaque côté, en avant l'un de l'autre, dans la profondeur de la glotte. A l'intérieur de l'organe se trouvent deux tiges cartilagineuses, qui agissent à la manière de languettes en forme de verges; en sorte que, par une exception singulière, dans l'organe vocal du pipa mâle, les sons seraient produits, suivant certains auteurs, par des corps solides qui vibrent.

APPAREILS PRODUCTEURS DU SON DANS LES INSECTES.

Les sons que font entendre les insectes ne sont pas formés, comme chez les animaux supérieurs, par un organe vocal à conformation variable; ils sont dus, le plus souvent, à des ébranlements imprimés aux enveloppes de ces animaux par des appareils musculaires spéciaux, ou bien encore au frottement de certaines parties de leur corps contre d'autres. Aussi est-il rationnel de désigner, avec Dugès (1), ces divers bruits sous le nom de *stridulation* plutôt que sous le nom de *voix*. En effet, la voix a, comme nous l'avons vu, pour organe un instrument à vent; la stridulation se produit par un mécanisme tout différent.

Quelques insectes engendrent des sons en frappant ou en frottant contre des corps durs certaines parties de leur squelette cutané. C'est ainsi que les mâles du *mycterus curculioides* cognent avec une telle violence l'extrémité de leur corps contre le bois sur lequel ils se sont posés, qu'il en résulte un son assez fort. Les *vrillettes*, en oscillant vivement sur leurs six pattes, frappent de leurs mandibules fermées le bois des vieux meubles; et c'est de cette manière que se produisent les pulsations que l'on entend surtout dans la nuit et qu'on a parfois attribuées mal à propos aux psoques ou poux de bois.

Les sons aigus que font entendre beaucoup de *coléoptères* résultent du frottement de leur prothorax contre le pédoncule du mésothorax, ou du frottement de l'abdomen contre la face interne des élytres.

Chez les mâles de plusieurs *acridides*, les cuisses, qui sont munies, sur leur face interne, d'une saillie âpre longitudinale, jouent comme un archet de violon sur les bords latéraux de leurs élytres. Chez les *locustides* et les *achétides* mâles, le cri particulier à ces animaux est produit par le frottement de l'une des élytres contre une côte cornée qui existe à la face inférieure de l'autre élytre.

Le *bourdonnement* que beaucoup de diptères et d'hyménoptères font entendre en volant est dû aux vibrations imprimées au thorax par les contractions rapides des muscles des ailes pendant le vol. Ce qui prouve qu'il n'est pas le résultat du seul mouvement des ailes, c'est qu'il persiste après l'ablation de ces organes.

(1) DUGÈS, *loc. cit.*

On paraît s'être complétement trompé en l'attribuant à l'air qui traverserait rapidement les stigmates du thorax et provoquerait ainsi des vibrations dans cette partie du corps.

Les *cigales chanteuses mâles* présentent un appareil producteur du son qui mérite d'être signalé. Cet appareil occupe la face inférieure du premier segment abdominal. L'instrument sonore ou *timbale* est une membrane sèche, grisâtre, élastique, soutenue par des arcs cornés, et encadrée par une pièce cornée immobile. Deux muscles s'attachent à cette membrane : l'un, très petit, a pour usage d'augmenter la tension de la timbale ; l'autre, beaucoup plus fort, la déprime. C'est par les alternatives de tension et de relâchement de la timbale qu'on peut expliquer la production des vibrations sonores. Celles-ci sont encore rendues plus fortes par un appareil de renforcement énergique, auquel sert tout le corps de la cigale. Les parois écailleuses, dures et sèches du corps de l'animal représentent assez bien la caisse d'un instrument de musique. Une grande cavité aérienne occupe le thorax, une autre l'abdomen, et toutes deux communiquent, par un espace triangulaire, entre les deux muscles de la timbale.